Bemerkungen

zu dem

vom Königlichen Justizministerium dem Landtage vorgelegten

Entwurf eines Gesetzes

über die

juristischen Prüfungen und die Vorbereitung zum höheren Justizdienst.

Von

Dr. Göppert

ord. Professor der Rechte in Breslau.

Berlin.

Verlag von J. Guttentag.

1869.

I.

Seit einiger Zeit schon wurde davon gesprochen, daß das Königliche Justizministerium Aenderungen in dem juristischen Studien- und Prüfungswesen und dem praktischen Vorbereitungsdienste der Justizbeamten beabsichtige.

Einen äußern Anlaß dazu scheint zunächst die im Jahre 1866 eingetretene Vergrößerung des preußischen Staats um eine Anzahl von Rechtsgebieten zu geben, deren jedes seine besondern von denen des alten Staats und der andern neuen Provinzen verschiedenen Einrichtungen in dieser wichtigen Angelegenheit besaß. Es ist in der That auf die Dauer nicht angänglich, daß diese letztere je nach den Provinzen nicht bloß im Detail, sondern wirklich principiell abweichend behandelt wird. In die meisten der neuen Provinzen hat zwar die preußische Regierung während des Dictaturjahres einen großen Theil der altpreußischen Einrichtungen eingeführt und mit gleicher Entschlossenheit gute und schlechte „Eigenthümlichkeiten" der Rücksicht auf mögliche Uniformität geopfert; aber sie wagte die letztere doch nicht auf diesem Wege von höchst zweifelhafter Beschaffenheit zur äußersten Consequenz zu führen, und so fehlt in den für Nassau, Kurhessen und Schleswig-Holstein erlassenen Verordnungen die für den Charakter des preußischen Systems sehr bedeutsame zweite Prüfung zwischen dem ersten und dem sog. großen Staatsexamen. In Hannover aber hat man wesentlich den alten Zustand belassen. Gewiß besteht also noch immer das Bedürfniß nach einheitlicher Regelung der fraglichen Verhältnisse.

Einen unmittelbaren praktischen Nutzen darf man indessen von derselben nicht erwarten.

Namentlich ist daran nicht zu denken, daß sie es ohne Weiteres thunlich machen wird, jeden in irgend einer Provinz ausgebildeten Juristen in jeder beliebigen andern zu verwenden, was auch für die jetzt schon angestellten Beamten durch einen schon früher und in diesem

Jahr wiederholt dem Landtage vorgelegten Gesetzentwurf rechtlich ermöglicht werden soll. Nur für die Besetzung der Criminalrichter- und Staatsanwaltsstellen mag dies gegenwärtig und in nächster Zukunft ohne Schaden angehen, aber nicht, soweit es sich um die mit Civilsachen befaßten Gerichtspersonen handelt. Man hat mit gutem Grund bisher nicht versucht einen freien Personal-Austausch zwischen der Rheinprovinz und den Ländern des Allgemeinen Landrechts einzurichten, und dieselben Bedenken werden künftig der beliebigen Verwendung der im Landrecht geschulten Richter, die nicht ausnahmsweise gründliche Kenntniß des gemeinen Rechts besitzen, in dessen Gebiet oder der von gemeinrechtlichen Juristen in den Landrechtsprovinzen entgegenstehen, wenn man nicht wünscht, daß dieselben zunächst erst auf Kosten des Collegiums und des Publikums Rechtsstudien anstellen sollen. Hierin wird noch nicht einmal die beabsichtigte gemeinschaftliche Proceß-Ordnung, sondern erst die Codification des gesammten Privatrechts — für Preußen? für Norddeutschland? für ganz Deutschland? auf alle Fälle hat es damit noch gute Weile — dem Justizministerium die wünschenswerthe Bequemlichkeit in der Handhabung der Anstellungssachen gewähren.

Zunächst würde also die Herstellung der **Einheit** in unsern Fragen nur die Befriedigung einer bloß theoretischen Forderung aus der Staatseinheit bedeuten: letztere selbst leidet aber darunter wenig, wenn diese eine von ihren Consequenzen noch einige Jahre entbehrt wird.

Andererseits ist von den gegenwärtig bestehenden verschiedenen Einrichtungen keine einzige als vollkommen anzusehen, sondern jede mehr oder weniger verbesserungsbedürftig, und zwar von ihnen am meisten die der alten Provinzen des Staats: hat man doch vor 1866 schon mit dem Plane von Reformen derselben sich getragen. Es versteht sich, daß eine Neugestaltung jetzt nicht mehr für diese Stammtheile des Staats allein geschehen dürfte, sondern nur für alle Provinzen gemeinschaftlich, ihnen sämmtlich Nutzen bringend, auch denen, welche an sich nicht so ungenügende Resultate ihrer Institutionen aufzuweisen haben.

Nichtsdestoweniger darf man überlegen, ob es nicht gerathener sein möchte, diese Fragen vorläufig noch nicht in Angriff zu nehmen, und zwar in Rücksicht auf die großen Umwälzungen, welche allen unsern Justizeinrichtungen bevorstehen.

Eine Reform der Hypotheken-Ordnung ist bereits begonnen, welche sicherlich in die bisherige Führung der Buchgeschäfte seitens der Gerichte wesentlich eingreifen, hoffentlich sie ihnen ganz abnehmen wird. Für das Vormundschaftswesen und das gegenwärtige preußische Nachlaß-regulirungswesen ist ebenso dringend eine durchgreifende Neugestaltung nothwendig und wird nicht ausbleiben, wenn auch dieselbe, wie es leider der Fall zu sein scheint, gegenwärtig noch nicht in Angriff genommen ist. Alle Geschäfte also der 2. Abtheilung der preußischen Gerichte werden oder sollten doch binnen ein paar Jahren ein anderes Aussehen zeigen. An einer neuen, ganz Norddeutschland gemeinsamen Civilproceß-Ordnung wird gearbeitet; ebenso beim Strafproceß. Nothwendig wird sich daraus eine besonders für Altpreußen bedeutende Aenderung der Gerichtsverfassung anschließen müssen.

Nun könnten zwar gewiß ohne Rücksicht auf diese kommenden Reformen gewisse Aenderungen in Betreff der Universitätsstudien und der ersten Prüfung unserer jungen Juristen getroffen werden; denn was dabei für jetzt Noth thut zu erreichen — daß dieselben mit größerem Wissen als bisher regelmäßig, in den Vorbereitungsdienst eintreten — wird auch für die neugestalteten Verhältnisse unabweisliches Bedürfniß bleiben. Aber über diesen Vorbereitungsdienst selbst ist es nicht möglich im gegenwärtigen Augenblick schon Anordnungen zu schaffen, welche auch nach der Reorganisation unseres gesammten Gerichtswesens noch passend und angemessen sein werden. Es läßt sich im Augenblick schon mit ziemlicher Sicherheit voraussehen, daß es demnächst überhaupt nicht mehr möglich sein wird an der bisherigen Ausbildungsweise der jungen Juristen hauptsächlich als Richtergehülfen festzuhalten; aber die künftig rathsame, wenn nicht nothwendige principielle Umwandlung des Referendariats kann im gegenwärtigen Moment noch nicht durchgeführt werden. Möglich ist für jetzt nur eine theilweise Verbesserung des bestehenden, welche als Uebergangsstufe zu dem, was künftig geschehen muß, betrachtet werden kann. Auch diese wird auf heftigen Widerstand stoßen; denn, so lange die gegenwärtigen Gerichts-Einrichtungen bestehen, scheint die unbedingte Nothwendigkeit nicht vorzuliegen, an Institutionen erheblich zu rütteln, für welche aus verjährter Gewöhnung im Allgemeinen eine sachlich nicht gerechtfertigte günstige Meinung besteht.

Eine andere wichtige Frage läßt sich wohl überhaupt nur im Zusammenhange mit der künftigen Gerichtsorganisation erörtern: ob nämlich an der in Preußen und sonst ziemlich allgemein in Deutschland herrschend gewordenen Uniformität der Ansprüche festgehalten werden soll, welche an Jeden gestellt werden, der überhaupt die sogenannte höhere Justizcarrière einschlägt. Die jetzige Gestaltung unseres Justizdienstes macht diese Gleichheit aller Aspiranten unumgänglich; aber es scheint geboten, bei der neuen Organisation unter Anderm auch der Rücksicht Einfluß zu gestatten, ob nicht diese Nothwendigkeit gleicher Anforderungen an alle Justizbeamten vermieden werden kann. Es ist hier nicht der Ort, die schon wiederholt von andern Seiten geltend gemachten Gründe ausführlich zu entwickeln, welche für die Rückkehr zu dem alten System einer doppelten Justizcarrière sprechen, einer höhern und einer niedern, dergestalt, daß in der letztern Beamte von mittelmäßigen Fähigkeiten und bescheidenern Ansprüchen eine genügende Existenz finden, ohne sich äußerlich Kenntnisse aneignen zu müssen, welche in der durch ihre Begabung ihnen angewiesenen Sphäre vollständig überflüssig sind und ihnen niemals zu besonderm Nutzen gereichen. Die gegenwärtige Gleichheit der äußern Qualification für alle Justizstellen ohne Ausnahme drückt eben deshalb, weil auch das für den Justizdienst unentbehrliche Mittelgut sie sich erwerben muß, den allgemeinen Maßstab selbst tiefer herab, als er gehalten werden sollte und würde, wenn eine Prüfung in bestimmter Rücksicht auf die Bedürfnisse der höhern Praxis stattfände. Jedenfalls befördert der Allen aufgedrückte gleiche Stempel der Brauchbarkeit für alle Functionen das Einrücken und Ueberhandnehmen der in der Anciennität hochgekommenen Mittelmäßigkeit in die obern Gerichte und schließt immer mehr von diesen die jugendlichen, unabhängig denkenden und noch nicht in den geistlosen, auf die Untergerichte gehäuften Functionen abgestumpften Kräfte aus. Freilich entspricht dies auf's beste dem jugendfeindlichen Charakter der modernen Bureaukratie, die in der frischen Kraft nur eine Störung ihres herkömmlichen Gangs befürchten muß und erst den vollkommen brauchbar findet, der nicht mehr Gefahr läuft, eigene Ideen zu haben. Aber der bureaukratische Geist ist nirgends verderblicher als im Richterstande; es wird Hauptaufgabe der neuen Organisation sein müssen, ihn aus der preußischen Justiz zu vertreiben, in der so viel Mühe mit so vielem Erfolg aufgewendet worden ist — und zwar nicht bloß von Seiten der Regierung — ihn recht tief einfressen zu lassen, und wer sich dieser Aufgabe unterzieht, würde darin eine wesentliche Unterstützung finden, daß er dem wirklichen Talent von vornherein den Vorzug vor der Unfähigkeit sicherte und ihm die gewisse Aussicht eröffnete, zeitig in eine innerlich und äußerlich befriedigende Lage zu gelangen.

Nach alldem möchte man zwar anerkennen, daß es wohl gethan wäre, durch Anordnungen über Universitätsunterricht und erste Prüfung schon jetzt dafür Sorge zu tragen, soweit es dadurch allein möglich ist, daß die große Menge der angehenden Juristen ein beträchtlicheres Maß positiver Kenntnisse, wissenschaftlichen Denkens und geistiger Auffassung ihres Berufs von der Akademie in das praktische Leben hinübernimmt, und daß auch in den neuen Provinzen, welche zum Theil bisher in dieser Richtung befriedigendere Zustände gehabt haben, nicht eine ähnliche Schlaffheit sich entwickelt, wie sie bei uns traditionell ist. Aber man müßte es lieber sehen, wenn in dem, was darüber hinausliegt, vorläufig eine Abänderung unterbliebe. Thatsächlich erwächst für die künftige principiell richtige völlige Neugestaltung ein gewisses Hinderniß daraus, daß das Alte erst vor kurzer Zeit gebessert und von einigen Mängeln befreit ist, deren Beseitigung leicht über die falschen Grundlagen des Ganzen täuscht. Auch die Abneigung gegen raschen, leicht wie Experimentiren aussehenden Wechsel in der Gesetzgebung kann künftig hemmend werden. Endlich ist darauf einige Rücksicht zu nehmen, daß ein wiederholtes Aendern in diesen Einrichtungen für die in der Vorbereitung stehenden jungen Leute etwas besonders Drückendes hat.

Soll aber überhaupt geändert werden, so geschehe es in dem Bewußtsein, daß man nur ein Provisorium schafft, und in der bestimmten Richtung auf die Vorbereitung des künftigen Definitivum. Ein bloßes Modeln an dem Bestehenden wäre unter allen Umständen zu vermeiden.

Dies wäre im Allgemeinen die Stimmung, mit welcher man an die Beurtheilung des Gesetzentwurfs heranzutreten hätte „über die juristischen Prüfungen und die Vorbereitung zum höhern Justizdienst", welcher am 6. November d. J. von dem Königlichen Justizministerium dem Herrenhause vorgelegt worden ist, und nach seinem ganzen Inhalt kann unser Gesammturtheil darüber nicht günstig ausfallen, auch wenn wir über die Opportunitätsfrage nicht weiter streiten wollen. Während in den Motiven (S. 12.) behauptet ist, daß das Gesetz in seinen §§. 1. bis 6. „eine wesentliche Reform der Behufs Zulassung zum praktischen Justizdienst erforderlichen Prüfung" beabsichtigt, fehlt es in dem Gesetz selbst an jeder Bestimmung, welche einen wesentlichen Unterschied von dem bisherigen Zustande dieser Prüfung und des ihr vorhergehenden Universitätsstudiums herbeizuführen vermöchte. Die jetzige Gestalt des Vorbereitungsdienstes ist in verschiedener Weise modificirt, ohne Veränderung ihrer principiellen Grundlage, und zwar durch Vorschriften, welche selbst bei Festhaltung dieser Grundlage nicht als Verbesserungen angesehen werden können. An den innern Zusammenhang dieser Fragen mit dem großen Ganzen der Justizreform ist anscheinend nicht gedacht; die Motive und die begleitende Rede des Justizministers scheinen vielmehr, was durch den Entwurf geschaffen werden würde, für an sich und unter allen Umständen brauchbar zu erklären.

Vor der Einbringung des Entwurfs beim Landtage war über seinen Inhalt nichts zuverlässig bekannt geworden, und es darf wohl bedauert werden, daß nicht durch seine frühere Veröffentlichung Gelegenheit zur Aeußerung darüber seitens der verschiedenen Kreise gegeben worden ist, welche an der hochwichtigen Sache besonderes Interesse nehmen, aber nicht unmittelbar bei der Gesetzgebungsarbeit betheiligt sind. Durch das gewählte Verfahren ist die Angelegenheit gleich bei dem ersten sichern Bekanntwerden der an oberster Stelle angenommenen Pläne und in dem Augenblicke selbst, in welchem erst ein bestimmtes Urtheil darüber möglich wird, in eine solche Lage gekommen, daß jedes Zögern mit der Aeußerung von Beifall oder Widerspruch die Gefahr bringt, der vollendeten Thatsache gegenüber überhaupt nicht mehr zu Worte zu kommen.

Man möge deshalb den aphoristischen Charakter meiner nachfolgenden Bemerkungen entschuldigen, welche in Eile niedergeschrieben werden mußten und ohne daß ich im Stande war, die einschlagende Literatur umfassend zu berücksichtigen. Was ich vorzubringen habe, ist zu einem großen Theil nicht eben neu, sondern bereits von andern gesagt worden; namentlich habe ich, obgleich unsere Ansichten nicht durchweg übereinstimmen, auf die schon 1859 erschienene Schrift von Hälschner über das juristische Studium in Preußen zu verweisen. Die wiederholte Aussprache des für wahr Erkannten ist aber Pflicht, so lange demselben noch die thatsächliche Anerkennung im Leben selbst nicht zu Theil geworden ist. —

II.

In Betreff der theoretischen Vorbereitung unserer jungen Juristen enthält §. 1. unseres Entwurfs nur die Bemerkung, daß ein dreijähriges Rechtsstudium auf einer Universität für den, der künftig die Stelle eines Richters, Staatsanwalts, Rechtsanwalts oder Notars erlangen will, erforderlich sein und daß von dem Triennium die Hälfte auf einer preußischen Universität zugebracht werden soll.

Letztere Vorschrift, in Preußen und manchen andern Staaten herkömmlich, könnte ohne Weiteres fallen gelassen werden, zumal sie an Wichtigkeit jedenfalls eingebüßt hat, nachdem noch weitere drei Universitäten preußisch geworden sind. Als eine Art Assecuranz gegen Vereinsamung der einheimischen Anstalten kann sie höchstens den Nachtheil haben, Schäden derselben zu verdecken, welche andernfalls sich früher empfindlich machen und dann auch wohl Heilung finden würden. Soll sie aber, wie in den Motiven des Entwurfs S. 9. angedeutet ist, dem Studirenden wider seinen Willen die Gelegenheit aufnöthigen, die specifisch preußischen Disciplinen zu hören, welche auswärts nicht gelesen zu werden pflegen, so steht sie in Widerspruch mit der Aufhebung des Collegienzwangs, deren tiefere Bedeutung doch nur die sein könnte, daß es dem Staate gleichgültig ist, auf welche Weise der künftige Jurist sich die nöthigen Kenntnisse erworben hat, wenn er sie nur überhaupt nachzuweisen vermag.

Letztere Maßregel, deren Wiederbeseitigung durchaus nicht befürwortet werden soll, steht freilich eigentlich auch damit nicht in Einklang, daß der Staat doch dreijährigen Aufenthalt auf der Universität verlangt, während die Consequenz das Streichen dieses Erfordernisses ebenfalls mit sich bringen würde. Daß jene Aufhebung irgend welchen nennenswerthen Einfluß auf das Rechtsstudium geübt, namentlich einen Aufschwung desselben herbeigeführt hätte, wie wohl Mancher in Haß und Eifer gegen das übelklingende Wort „Zwang" gemeint hat, wird Niemand behaupten können, obgleich die 4 Jahre seit Herstellung der vollen Lernfreiheit doch schon einige der gehofften Wirkungen hätten zeitigen müssen. Andererseits werden dieselben juristischen Collegien, welche früher vorgeschrieben waren, auch jetzt im Allgemeinen für nothwendig erachtet und freiwillig besucht, und es bildet die Ausnahme, daß sich Jemand zum Examen meldet, ohne einen wenigstens ziemlich vollständigen Cursus nachweisen zu können; freilich kommen auch gelegentlich ganz exorbitante Fälle vor, in welchen durch immer wiederholtes Annehmen ein und derselben Vorlesung oder die Auslassung gerade der wichtigsten Collegien ein wahrer Hohn auf das verlangte Universitätsstudium getrieben wird. Am ungünstigsten steht es mit den nicht specifisch juristischen Collegien, statt daß, wie gehofft worden ist, die Theilnahme daran durch die Aufhebung des Zwanges zu den Rechtsvorlesungen gestiegen wäre. Ein Nutzen ist nur in zwei Punkten entstanden: die Professoren tragen nicht mehr das Odium eines geschützten Gewerbes, und ein Versehen in der Eintheilung der Studien, durch welches das Anhören irgend einer Vorlesung dem Studenten unmöglich wird, bedeutet nicht mehr für ihn den Verlust eines ganzen Halbjahrs.

Jedenfalls muß der Staat, so lange er gerade Universitätsstudium verlangt und sonach officiell den Besuch von Vorlesungen für das wirksamste Mittel sich zu unterrichten erklärt, die Dauer des

Studiums so abmessen, daß während desselben alle Disciplinen, deren Kenntniß von den Aspiranten des Justizdienstes gefordert wird, wirklich gehört und nach Anleitung des Gehörten studirt werden können.

Danach aber, glaube ich, ist es geboten, das altübliche Triennium aufzugeben und, wie z. B. in Oesterreich und Baiern bereits geschieht, vier Jahre zu fordern.

Ich möchte es durch die Verlängerung möglich machen, daß die Universitäten gewissen Ansprüchen genügen, welche mit Recht an sie gestellt werden sollten, aber unerfüllt bleiben müssen, wenn die schon gegenwärtig kaum ausreichende Studienzeit nicht ausgedehnt wird. Es handelt sich dabei nicht um Dinge, welche aus der Bestimmung der Facultäten als Pflanzschule künftiger Gelehrten sich ergeben; was in dieser Richtung für Aenderungen unserer Einrichtungen wünschenswerth sein möchten, mag an anderer Stelle erörtert werden. Ich beschränke mich hier nur auf dasjenige, was für den andern hier uns zunächst interessirenden Zweck der Universität: Lehranstalt für die künftigen Staatsbeamten zu sein, von unmittelbarer Bedeutung ist.

Die verschiedenen juristischen Disciplinen haben jede für sich immer größeren Umfang und größere Tiefe erlangt und erfordern eine viel größere Zeit und Arbeit zu ihrer Bewältigung als vordem. Auf den Universitäten müssen diese bei der Beschränkung durch das Triennium fast ausschließlich dem Privatrecht zugewendet werden, und man kann keineswegs sagen, es geschähe dafür zu viel: aber unvermeidlich treten dadurch Civil- und Criminalproceß, Strafrecht und ganz besonders Staatsrecht in dem Studium unserer Juristen immer mehr in den Hintergrund, zumal sie auch noch bei der gegenwärtigen Zusammensetzung der Commissionen verhältnißmäßig selten Gegenstand der ersten Prüfung bilden.

Die nachtheiligen Folgen davon sind nicht ausgeblieben. Die Handhabung unseres Strafgesetzbuchs ist der Obertribunalspraxis gegenüber gänzlich unfrei geworden. Ueber Proceß herrschen die einseitigsten Ansichten, weil man fast nur die selbst gehandhabten eigenen Einrichtungen und auch diese wesentlich nur empirisch kennt. Wir haben nur wenige wirkliche Kenner des Staatsrechts und nicht einmal viele, deren Einsicht darin über die Elemente hinausgeht; in der Staatsverwaltung sind sie vielleicht noch seltener zu finden, als in der Justiz. Der ganze Gang unserer politischen Entwicklung, hat man längst bemerkt, ist nicht unerheblich dadurch beeinflußt worden, daß wir heutigen Juristen so gut wie ausschließlich Privatrechts-Juristen sind.

Es ist dringend nothwendig, daß für diese Disciplinen in dem

Studiencursus mehr Raum geschafft wird. Doppelt besteht insbesondere für das Staatsrecht dieses Bedürfniß, so lange man bei uns sich noch nicht entschließt, den Vorbereitungsgang des künftigen Verwaltungsbeamten vollständig von dem des Richters und Advokaten zu trennen, und dazu ist ja leider um so weniger Aussicht, als umgekehrt die Idee Beifall gefunden hat, beide ganz zu verschmelzen.

Derselbe Umstand läßt ganz unumgänglich erscheinen, was auch ohnehin nur zum schwersten Schaden unterlassen wird: eine Verstärkung für das Studium der sog. Staatswissenschaften und ganz besonders der Nationalökonomie. Ueber das Verhältniß der letztern zur positiven Jurisprudenz herrschen zum Theil sehr unklare und übertriebene Vorstellungen, in Folge deren wieder von anderer Seite die Wichtigkeit dieser Wissenschaft für die unsrige unterschätzt wird. Methode haben wir von ihr gewiß nicht zu lernen, und Rechtsbegriffe liefert sie uns nicht direct; aber sie vermittelt uns auf dem größten Theil des Rechtsgebiets die Kenntniß derjenigen realen Verhältnisse, für welche das Recht die den Streit der Privatinteressen schlichtende Norm sein soll, und sie bildet sonach einen ganz eminent wichtigen, geradezu unentbehrlichen Bestandtheil der allgemeinen Bildung, auf deren Grund sich die specifisch juristische Fachbildung erbauen muß.

Wie es mit dem Studium dieser Wissenschaften gegenwärtig bei uns bestellt ist, hat vor Kurzem einer ihrer Vertreter, wie ich glaube, noch mit sehr milden Farben geschildert (Nasse, die Universitätsstudien und Staatsprüfungen der preußischen Verwaltungsbeamten 1868); daß es anders werden könnte, so lange das Triennium besteht, ist zu bezweifeln. Hier muß aber zugleich an die Staatsregierung die schon längst erhobene Forderung wiederholt gerichtet werden, daß sie in ausgiebigerer Weise für diese Fächer sorgt, als bisher geschehen. Wie jetzt immer noch deren Besetzung an manchen Orten beschaffen ist, sind die Studirenden zum Theil ganz außer Stande, die fraglichen Vorlesungen vollständig zu hören. Hier möge das Justizministerium die Bedürfnisse seines Ressorts der Unterrichtsverwaltung gegenüber geltend machen, damit endlich auch in Preußen diese Wissenschaften die ihnen gebührende Stellung erhalten.

Weiter: das preußische Landrecht ist bisher auf den Universitäten nur sehr stiefmütterlich behandelt worden. Die betreffende Vorlesung ist zumeist nur eine ungern übernommene Nebenlast. Schon deshalb, aber auch in Rücksicht darauf, daß in der That die übrigen Disciplinen keine rechte Zeit dafür übrig lassen, ist die Vorlesung regelmäßig auf einige Stunden eingeschränkt und erhält dann, wenn nicht auf

Vollständigkeit von vornherein verzichtet wird, unvermeidlich den Charakter einer bloßen elementaren Uebersicht. In beiden Fällen ist sie ziemlich vergeblich, im erstern, weil sie bloßes Fragment bleibt, im letztern aber deshalb, weil bei der besondern Beschaffenheit des Landrechts eine solche Uebersicht niemals ein richtiges Bild und eine Grundlage für das Studium des — hier ganz regellosen — Details zu gewähren vermag, wie es im römischen Recht und selbst im Code wohl möglich ist. Das Landrecht läßt sich nur im und am Detail darstellen und studiren; eine wirklich nutzbringende Vorlesung darüber kann schwerlich in geringerem Umfange als dem der Pandekten gehalten werden und erfordert zugleich bei dem Vortragenden berufsmäßige Beschäftigung und genaueste Bekanntschaft mit dem Stoff, welche bloß nebenbei nicht leicht erworben zu werden vermag.

Der jetzige Zustand erregt keinen Anstoß bei Denen, welche überhaupt der Meinung sind, daß das Landrecht nur in der Praxis gelernt werden oder wenigstens am besten durch die Praxis gelernt werden könne. Die Sache hatte auch insofern bisher weniger Bedenken, als der Auscultator mit Ausnahme der Supplicanten-Vernehmung, die freilich sehr ungenügend versehen zu werden pflegt, zum großen Theil zu solchen Geschäften gebraucht wird, bei denen seine Rechtsunkenntniß dem Publikum nicht unmittelbar nachtheilig wird. Eine selbstständigere Stellung erlangt er erst nach der zweiten Prüfung, und diese hat auch nach der Einführung des allgemeinen Zwanges zum dritten Examen noch den sehr guten Sinn behalten, daß nunmehr endlich ein gewisses Quantum von Kenntniß des Landesrechts nachgewiesen werden muß, die man im ersten Examen noch fast gar nicht verlangt; ein Irrthum ist es dabei nur, wenn man meint, daß die wesentlich mechanische Beschäftigung des Auscultators ihm diese Kenntniß verschafft: er lernt materielles Recht nicht d u r c h die Praxis, sondern neben derselben und gelegentlich trotz derselben durch Privatstudien.

Fällt die bisherige zweite Prüfung fort, wird der Unterschied beseitigt zwischen dem Referendarius, der das in den Gerichten selbst geltende Recht kennen muß, und dem Auscultator, dem überhaupt und namentlich, was das Landrecht angeht, ius ignorare concessum est, so muß schon in der ersten Prüfung von dem Candidaten im Gebiet des Landrechts eine ganz bedeutende Bekanntschaft mit demselben gefordert werden. Von selbst ergiebt sich daraus die Nothwendigkeit besserer Pflege desselben auf den Universitäten, und diese ist nicht thunlich ohne Verlängerung des Cursus.

Ich möchte aber durch die letztere noch einen andern bedeutsamen

Fortschritt in unseren Universitäts-Einrichtungen ausführbar gemacht sehen.

Man beschwert sich heutzutage, soweit ich sehe, lange nicht mehr so über den Widerstreit zwischen der theoretischen Literatur und der Praxis, als vielmehr über den zwischen dem theoretischen Unterricht und der Praxis und, wie ich glaube, mit einigem Recht.

Namentlich auf den altpreußischen Universitäten ist der Rechtsunterricht immer mehr fast ausschließlich dogmatisch geworden; Practica werden nur sehr vereinzelt gehalten. Auf den übrigen Universitäten sind letztere nicht in demselben Grade in den Hintergrund getreten, wie bei uns; auf manchen scheinen sie sogar noch eine recht bedeutende Stelle einzunehmen, besonders da, wo von den Candidaten zur ersten Prüfung die Lieferung einer Proceß-Relation verlangt wird; doch sind es auch dann nur Civilproceßpractica, welche im Vordergrunde stehen. Die Ursache, weshalb gerade auch die letzteren bei uns verschwunden sind, liegt zum Theil in mangelnder Kenntniß des preußischen Processes aus eigener Anschauung. Daß aber die ungleich wichtigern dem materiellen Recht gewidmeten Practica bei uns fast gar nicht mehr vorkommen, erklärt sich daraus, daß landrechtliche Practica keinen Sinn haben, wenn Landrecht auf der Universität erst im letzten Semester vor dem Examen und dann nur in der oben getadelten Weise gehört werden kann, während Practica aus dem gemeinen Privatrecht von den Studirenden leicht für sachlich unnütz gehalten und verschmäht werden.

Indessen liegt m. E. die Bedeutung der nichtprocessualen Practica gar nicht hauptsächlich darin, daß sie wie Repetitorien bestimmte Rechtskenntnisse vermitteln und einprägen sollen; ihre Aufgabe ist im Gegentheil noch viel mehr, als die der processualischen, die einer Vorbereitung für die Praxis, welche gar nicht nothwendig gerade nur an dem Material gemacht zu werden braucht, welches zunächst in foro zur Anwendung kommen wird.

Die Universität ist allerdings dazu nicht da, um dem künftigen Geschäftsmann Unterweisung in den Aeußerlichkeiten des Dienstes zu geben, und es schadet wirklich gar nichts, wenn der neue Rechtspracticant noch nicht genau weiß, ob ein Protocoll oder Decret auf die linke oder die rechte Seite des gebrochenen Bogens gesetzt wird, und wenn die sonstigen Curialien von ihm zunächst nur sehr linkisch gehandhabt werden. Selbst Ungewandtheit in den wesentlichen Dingen des Verfahrens ist im ersten Anfang nicht besonders nachtheilig, obgleich es natürlich besser ist, wenn auch darin der junge Jurist von vornherein etwas Bescheid weiß. Was aber wirklich von der Universität beim Juristen so gut wie in andern Fächern verlangt werden darf, ist, daß sie ihren Schüler in seinen Beruf nicht bloß mit dem todten Vorrath aller der Kenntnisse entläßt, die er künftig einmal anwenden soll. Es genügt auch nicht die besonders durch Disputatorien und dergleichen zu fördernde Gewandtheit in der abstracten juristischen Untersuchung der einzelnen Lehren, wie sie der künftige Schriftsteller braucht; es ist vielmehr erforderlich, daß der künftige Referendarius im praktischen juristischen Denken, in der innern Technik der Anwendung des Rechts einige Uebung erhält. Zur Virtuosität darin wird ihn natürlich erst langjährige praktische Erfahrung bringen; aber es kann und soll ihm schon jetzt die Grundlage für dasjenige gegeben werden, dessen Besitz in voller Ausbildung den Vorzug des reifen Practikers vor dem bloßen Gelehrten bildet: die Fähigkeit, Rechtssätze auf einen gegebenen Thatbestand anzuwenden, in diesem die juristischen Momente herauszufinden und in ihrer natürlichen Aufeinanderfolge zu gruppiren, die Wechselwirkung der Rechtssätze aufeinander in Folge der factischen Combinationen festzustellen, mit andern Worten, juristisch zu urtheilen.

So lange noch das römische Recht wesentlich exegetisch gelehrt, oder doch die Exegese neben den dogmatischen Vorträgen in Vorlesungen mehr als jetzt gewöhnlich geübt wurde, bot die unmittelbare Beschäftigung mit den Pandekten, deren Inhalt zum großen Theil praktische Casuistik bildet, eine höchst werthvolle Vorschule für die Praxis. Die systematischen Collegien aber, welche jetzt allein üblich sind, bilden in dieser Beziehung gar keine Beihülfe, und entlassen auch den fleißigen Studirenden mit jenem Urtheils-Ungeschick, welches dann den erfahrenen Praktiker ganz natürlich zu einer absprechenden Ansicht über die Universitätsstudien verleitet.

Auf den altpreußischen Anstalten wird es sich nach dem oben Bemerkten so ziemlich um Neueinführung dieses wichtigen Unterrichtszweiges handeln, auf den neuhinzugekommenen aber nicht bloß um seine Erhaltung, sondern um eine erhebliche Erweiterung desselben. Soll er wirklich wesentlichen Nutzen bringen, so muß er nicht als Nebensache, sondern in bedeutendem Umfange und mit demselben Gewicht wie die dogmatischen Hauptvorträge behandelt werden.

Allerdings dürfte der Personalbestand der Facultäten gegenwärtig noch hie und da ein Hinderniß bilden. Unsere Universitäten sind nicht bloß Lehranstalten, sondern Akademien; man erwartet von ihren Mitgliedern zugleich schriftstellerische Thätigkeit, und factisch bilden sie auch wirklich den Mittelpunkt der literarischen Production. Gerade in der Abwechselung zwischen dem lehrenden Mittheilen und dem eigenen

Schaffen liegt der Hauptreiz unserer akademischen Stellungen. Sollen nun die Romanisten und Germanisten neben den ihnen obliegenden umfassenden dogmatischen Vorträgen auch noch ausgedehnte praktische Vorlesungen übernehmen, deren Vorbereitung sogar noch mehr Zeit beanspruchen würde, als für jene erforderlich ist, so wäre dadurch, einzelne mit ganz ausnahmsweiser Arbeitskraft begabte Naturen abgerechnet, für die Meisten jene zweite Seite ihrer bisherigen Beschäftigung abgeschnitten; in den andern Fächern würde bei dem geringern äußern Umfange der Disciplinen dieser Mißstand vielleicht weniger hervortreten. Mindestens in jenen aber müßte auf eine Vermehrung der Stellen Bedacht genommen werden, welche dem Einzelnen die Möglichkeit eröffnete, semesterweise seine dogmatischen Vorträge mit dem praktischen Unterricht abwechseln zu lassen. Ich meine übrigens, daß auch dem einzelnen akademischen Docenten eine solche Unterbrechung der gegenwärtigen Einförmigkeit seiner Lehrthätigkeit willkommen sein und zugleich ihm für seine dogmatischen Vorlesungen manche heilsame Correctur erwachsen würde.

Daß die Studirenden im Landrechtsgebiet sich an gemeinrechtliche Practica gewöhnen werden, wenn sie erst sehen, daß darauf von Seiten der Facultäten selbst Gewicht gelegt wird, zweifle ich nicht; aber auch das Landrecht kann in solcher Weise behandelt werden, wenn durch richtige Gestaltung des dogmatischen Vortrages darüber schon dem Studirenden genügendes Material zugeführt ist. Was jeder Docent selbst empfindet und was vielleicht einen Theil der Schuld mitträgt, wenn über mangelnden Collegienfleiß geklagt wird, die unvermeidliche Trockenheit des Katheder-Vortrags, welcher seinen Gegenstand nur abstract erörtern, nicht im Leben wirksam vorweisen kann, wird leichter überwunden werden und weniger abschreckend wirken, wenn sie in der zweiten Art der Vorlesungen ein Gegengewicht erhält.

Das Nichtstudiren unserer Studenten ist freilich der Hauptübelstand, an welchem wir bei unseren altländischen Juristen kranken, und dessen Tradition auch die beste Einrichtung des akademischen Unterrichts allein nicht vollständig zu brechen im Stande sein würde; denn die Collegien werden auch gegenwärtig immer noch eher besucht, als irgend ein Buch in die Hand genommen. Kann hierin nicht ein Umschwung herbeigeführt werden, so würde auch die Verlängerung des Cursus auf 4 Jahre nur nachtheilig wirken. Denn sie würde im praktischen Resultat nur eine weitere Ausdehnung der Zeit bedeuten, während deren ein beträchtlicher Theil der jungen Männer nicht bloß für ihren künftigen Lebensberuf unmittelbar wenig oder nichts thut, sondern es überhaupt versäumt, dem Verstande neue Nahrung zuzuführen.

Dagegen giebt es nach meinem Ermessen nur ein Mittel, dasselbe was früher in manchen der annectirten Rechtsgebiete sich bewährte und fortdauernd anderwärts so viel erfreulichere Resultate erreichen läßt, ein wirklich strenges, streng gehandhabtes Examen am Schluß der Universitätszeit. —

III.

Mit dieser Betonung des Werths der ersten Prüfung für die Studien scheine ich mich einigermaßen in Widerspruch mit dem Herrn Justizminister zu befinden; denn er meint im Gegentheil in der Rede, mit welcher er die Vorlage des Gesetzentwurfs begleitet hat, das Prüfungswesen bringe die Gefahr mit sich, daß die Aussicht auf bevorstehende Examina und die damit zusammenhängende Vorbereitung einem tiefer eingehenden Studium leicht hemmend entgegentreten könnte.

Es giebt wirklich ein viel besseres Mittel, als Prüfungen sind, um Reife und Kenntniß Jemandes zu erproben: das ist das Leben selbst. Wollte und könnte der heutige Staat den jungen Juristen sich selbst überlassen, die Advocatur vollständig freigeben, so daß nur die persönliche Tüchtigkeit dem auf seine eigenen Füße Gestellten Existenz und Vorwärtskommen verschaffen würde, wollte und könnte er demnächst sich seine Richter und sonstigen Beamten einfach aus dem Kreise derjenigen Personen aussuchen, welche sich durch ihre Thätigkeit als Rathgeber und Rechtsbeistände des Publikums ein ehrenhaftes Ansehen und den Ruf ausgezeichneter Befähigung erworben haben, so brauchte weder an eine erste, noch an eine zweite Prüfung gedacht zu werden. Glaubt aber — und es scheint jetzt noch vergeblich daran zu rütteln — der Staat sich verpflichtet, das Publikum davor zu bewahren, daß unerfahrene Leute an ihm selbst und zu seinem Schaden die Rudimente der Praxis erlernen, so muß er Sorge dafür tragen, daß sie auf andere keinem Einzelnen im Publikum empfindliche Weise sich ausbilden, und so wird eine erste Prüfung unvermeidlich, um die Ueberzeugung zu begründen, daß der Candidat für diese praktische Schule reif ist, und eine zweite, um zu erproben, ob er sie mit Erfolg durchgemacht hat.

Allerdings ist dies Mittel unvollkommen; denn im Gegensatz zu den Worten des Herrn Ministers — es wird auch bei den besten und tüchtigsten Examinatoren unvermeidlich vorkommen, daß Einzelne trotz ungenügender Befähigung und Ausbildung dennoch die Prüfung bestehen. Umgekehrt aber kann gerade der von Seiten der Regierung befürchtete nachtheilige Einfluß der Prüfung auf die Art des Studiums nur dann entstehen, wenn dieselbe nicht in der richtigen Art gehandhabt wird. Ich werde selbst bei Gelegenheit des letzten preußischen Examens zu constatiren haben, daß die Gestalt des letztern eine ungünstige Rückwirkung geübt hat; und auch anderwärts hat man nicht selten begründete Klagen erhoben. Aber die Ursache ist in jenem Fall die Ueberhäufung einiger weniger Personen mit einer ungeheuren Masse von Prüfungen, und dieser Fehler wenigstens kann bei der ersten Prüfung nicht begangen werden, da diese jedenfalls auf mehrere Commissionen vertheilt wird. Was sonst schädlich wirkt, läßt sich ebenfalls durch geeignete Organisation beseitigen.

Wirklich und unter allen Umständen tief nachtheilig ist der Einfluß, den die Stellung zu geringer Anforderungen an die Candidaten im Examen übt. Sie läßt nicht bloß unvermeidlich auch unbefähigte und unwissende Leute zum Referendariat, sondern zerstört geradezu das Studium, indem sie dem Trägen keinen Antrieb zur ernsten Arbeit giebt und auch in dem Tüchtigen nothwendig die Vorstellung erweckt, daß es überflüssig sei, sich anzustrengen: nur Wenige haben in so jungen Jahren eine solche Reife, daß sie einsehen, es sei vortheilhaft, wenn sie mehr Kenntnisse sich aneignen, als sie unumgänglich nachweisen müssen.

An diesem Grundübel eines zu leichten Examens kranken wir in Altpreußen; die Verschärfung, welche seit 1865 durch veränderte Zusammensetzung der Commissionen und Einführung einer andern Art der schriftlichen Prüfung eingetreten ist, war weitaus zu gering. Die bestehenden Vorschriften scheinen ihrerseits die Sache ernst genug zu nehmen; aber ihre milde Auslegung ist nun einmal traditionell und trotzt allen von Zeit zu Zeit ergehenden Aufforderungen des Ministeriums zu größerer Strenge. Die Tradition selbst hängt nicht unwesentlich damit zusammen, daß das fast unmittelbar folgende zweite und das dritte Examen nicht bloß den Erfolg der praktischen Beschäftigung und Vertiefung der theoretischen Kenntniß ermitteln sollen, sondern jedes zugleich zu einer Art von Wiederholung der ersten Prüfung in verstärktem Grade bestimmt sind. Schon dadurch muß immer wieder der Glaube hervorgerufen werden, daß in der ersten Prüfung nur die äußersten Grundlagen verlangt werden dürfen und bewiesen zu werden brauchen. Zur festen Einwurzelung der Schlaffheit hat aber hauptsächlich beigetragen, daß bei den preußischen Praktikern ganz besonders — und zwar nicht ohne Schuld der Universitäten — das Vorurtheil verbreitet ist, daß deren Unterricht im Grunde genommen nichts taugt, daß es also auch dem Einzelnen nicht übel zu nehmen ist, wenn er durch denselben nicht viel profitirt hat.

Durch den Wegfall der 2. Prüfung wird von selbst auch dem Vorurtheilsvollsten klar werden, daß bei dem 1. Examen, welches nunmehr keine unmittelbare Ergänzung mehr in jenem erhält, größere Strenge ganz unvermeidlich wird. Noch mehr wird eine möglichst bestimmte Aussprache des wahren Zwecks der letzten großen Staatsprüfung auch in dieser Beziehung nützen, wenn dadurch klar wird, daß diese das Vorhandensein einer umfassenden theoretischen Vorbildung als schon beim Eintritt in den Vorbereitungsdienst nachgewiesen voraussetzt. Es bedarf ferner eines andern Besetzungsmodus der Prüfungscommissionen und guter Anordnungen über die schriftlichen Examenleistungen. Bloße strengklingende Formulirung der Anforderungen im Gesetz und den etwa dazu ergehenden Reglements würde allein so wenig etwas helfen, als sie bisher geholfen hat. In dieser Beziehung läßt unser Entwurf nichts zu wünschen übrig mit einziger Ausnahme der in §. 4. beibehaltenen „Grundbegriffe der Staatswissenschaften", unter welchen letztern vermuthlich auch die Nationalökonomie begriffen sein soll, obgleich dies keineswegs ohne Weiteres klar ist, sondern nur benigna interpretatione gefunden werden kann. Die „Grundbegriffe" reichen auch für den bloßen Juristen nicht aus; wie unzulässig diese Beschränkung gerade auch deshalb erscheint, weil die künftigen Verwaltungsbeamten diese Prüfung passiren müssen, ist kürzlich von competenter Seite (Nasse, Universitätsstudien und Staatsprüfungen der preußischen Verwaltungsbeamten 1868, S. 5) ausgeführt worden und bedarf hier keiner Wiederholung.

Im weitern Verlauf unserer Erörterung wird die Regulirung der spätern Prüfungen uns noch besonders beschäftigen: hier wollen wir zunächst das erste Examen und davon hauptsächlich die beiden bei ihm selbst in Betracht kommenden Punkte besprechen, durch welche, wie bemerkt, die gehörige Wirksamkeit dieser ersten Prüfung sehr wesentlich gefördert werden kann, auch wenn jene vorläufig noch im status quo verbleibt: die Bildung der Commissionen und die Art der schriftlichen Arbeiten.

IV.

Die Zusammensetzung der Examinationscommissionen kann überhaupt nur bei der ersten Prüfung Gegenstand eines Streits werden, nicht aber bei dem letzten großen Staatsexamen.

Soll letzteres einen wesentlich praktischen Charakter tragen, so wird schwerlich Jemand zweifeln, daß ausgezeichnete Praktiker die Commission bilden müssen und Universitätslehrer ihr nur dann angehören dürfen, wenn dieselben zugleich eine Stellung im Justizdienst einnehmen, welche ihnen ein Urtheil über die praktische Befähigung der Candidaten ermöglicht.

Anders aber steht es bei der ersten Prüfung.

Gegenwärtig nehmen an dieser Universitätslehrer zwar Theil, aber durch die Concurrenz einer gleichen Zahl Praktiker und den stimmberechtigten Vorsitz des Appellations-Gerichts-Präsidenten ohne sicher entscheidenden Einfluß auf den schließlichen Ausfall des Examens. Vor dieser auf einer Ministerial-Anordnung von 1864 beruhenden Einrichtung waren ausschließlich Appellationsgerichtsräthe Examinatoren.

Der Entwurf selbst enthält keine Bestimmung; nach den Motiven soll es der weitern Erfahrung, d. h. also künftiger Anordnung seitens des Ministeriums allein, vorbehalten bleiben, ob die gegenwärtige Zusammensetzung beizubehalten sein werde. Es scheint dabei nur an die Alternative der Rückkehr zu der ältern Weise gedacht zu sein, welche dem hannöverischen und der frühern nassauischen Ordnung entspricht, auch der kurhessischen, nur daß bei dieser der Prüfung in Cassel ein sog. examen legitimum vor der Facultät in Marburg vorherging. Es giebt indessen noch eine dritte Möglichkeit: ausschließliche Berufung von Universitätslehrern in die Commission.

Der Gegenstand selbst ist für den ganzen Charakter und die Bedeutung des Examens viel zu wichtig, als daß seine Regelung den wechselnden Anschauungen der wechselnden Verwaltungschefs überlassen sein dürfte: es ist vielmehr geboten, daß das Gesetz selbst sie in endgültiger, subjectiven Neigungen oder Abneigungen entrückter Weise vornimmt.

Es fragt sich aber, welchem System nun das Gesetz folgen soll? Worauf führt hier die Natur der Sache?

Ich denke, daß der Zweck der Prüfung ganz unmittelbar Antwort giebt.

„Den Gegenstand der Prüfung, sagt §. 4., bilden die Disciplinen des privaten und öffentlichen Rechts, der Rechtsgeschichte, sowie die

Grundbegriffe der Staatswissenschaften. Die Prüfung muß auf Erforschung der positiven Kenntnisse des Candidaten, seiner Einsicht in das Wesen und die geschichtliche Entwickelung der Rechtsverhältnisse, sowie darauf gerichtet werden, ob der Candidat sich überhaupt die für seinen künftigen Beruf erforderliche allgemeine rechtswissenschaftliche Bildung erworben habe."

Ist hierin, frage ich zunächst, irgend etwas verlangt, was ein Universitätslehrer nicht zu leisten im Stande wäre, oder wovon man meinen könnte, daß ein Praktiker es nothwendig besser leisten müßte?

Fürchtet man vielleicht, daß der Professor kein richtiges Urtheil darüber besitzen sollte, welches Maß von Kenntnissen für den künftigen Beruf des Praktikers erforderlich ist? Man meint vielleicht, er werde zu viel Gelehrsamkeit und unpraktischen Kram von den Examinanden verlangen. Ich will die Möglichkeit dahingestellt lassen, frage aber meinerseits: welche Gefahr größer ist: ob die, daß zu große Anforderungen gestellt werden, oder die, daß ein zu leichtes Maß angelegt und dadurch der ganze Zweck der Prüfung vereitelt wird?

Man wird nicht in Abrede stellen dürfen, daß diese letztere Gefahr besteht, wenn bloß Praktiker examiniren. In den Provinzen des Landrechts ist sie besonders groß. Hier herrscht nun einmal, wie schon vorhin bemerkt wurde, in den Köpfen der Richter, Anwälte u. s. w. die Ueberzeugung, daß der theoretische Unterricht auf der Universität recht unerheblich sei, und daß die eigentliche juristische Ausbildung überhaupt erst mit der Beschäftigung bei Gericht anfange. Die literarischen Hilfsmittel, mit welchen unsere Praktiker meistens operiren, tragen nichts dazu bei, in ihnen die Erinnerung an den Universitätscursus wach zu halten; daß sie nur durch diesen, so wenig ernsthaft er durchgemacht sein mag, die Fähigkeit, das Landrecht anzuwenden, erhalten und juristisches Denken erworben haben, wird leicht vergessen. Jedenfalls darf die Staatsregierung sich auf diesen Standpunkt nicht stellen; sonst hätte sie die Pflicht, die juristischen Facultäten zu beseitigen und dem Schmarotzerdasein ihrer Mitglieder ein Ende zu machen.

Jene Gefahr, daß die Prüfung in der Hand von Praktikern zu leicht wird, besteht aber auch da, wo der praktische Juristenstand eine größere Achtung vor der Rechtswissenschaft bewahrt hat. Es versteht sich, daß ganz ausnahmsweise Einrichtungen, wie z. B. das Examen der Frankfurter Rechtskandidaten bei dem Ober-Appellationsgericht in Lübeck nicht unser Urtheil beeinflussen können. Aber auch die günstigen Erfahrungen, welche sonst in kleinern Staaten eine gewisse Reihe von Jahren hindurch bei dem Examen durch Praktiker gemacht worden sind, dürfen nicht maßgebend sein. In einem kleinen Staate kann der Chef der Justiz eine ganz andere Kenntniß des Personals besitzen, aus welchem er zu wählen hat, und dort können ihm fast nur durch eigene Schuld die wenigen seiner Beamten entgehen, welche sich nicht bloß durch praktische Brauchbarkeit, sondern auch dadurch auszeichnen, daß die Ausstellungen auf sie nicht passen, welche hier gemacht werden sollen. Anders bei einer so ungeheuren Beamtenmasse, wie sie dem preußischen Ministerium unterstellt ist. Hier darf bei einer selbst wieder viele Personen erfordernden Einrichtung nicht auf die vereinzelten Ausnahmen und ihr glückliches Herausfinden gehofft, sondern muß mit der Durchschnittsqualität gerechnet werden.

Ich will zunächst nicht besonders betonen, aber es muß doch erwogen werden, ob wirklich Viele ein ganz richtiges Urtheil darüber haben, welches Maß von Kenntniß sie in einem gewissen früheren Augenblicke hätten besitzen sollen. Die Lücken ihrer damaligen Ausbildung bestehen entweder noch und werden also auch bei den Candidaten nicht bemerkt werden, oder sie haben dieselben seither ausgefüllt und werden sie dann, da sie ihnen unschädlich gewesen sind, leicht auch bei Andern für verzeihlich halten.

Wichtiger ist ein anderer Punkt, den wir in die Frage fassen können: soll darauf Werth gelegt werden, daß der junge Jurist sich die Ergebnisse aneignet, welche der Fortschritt der Wissenschaft gebracht hat, oder soll die officiell verlangte Jurisprudenz regelmäßig diejenige sein, welche vor 20, 30 Jahren herrschte, während den seitdem zur Geltung gelangten Anschauungen amtlich der Stempel der Unrichtigkeit aufgedrückt wird?

Ich kann mir für den Universitätslehrer kaum ein schmerzlicheres Gefühl denken, als wenn er, wie es bisweilen geschehen soll, im Examen aus Mackeldey oder gar Höpfner noch heute fragen hören und dadurch sein Bestreben vereitelt sehen muß, seinen Zuhörern die Resultate der neuesten Forschungen zugänglich zu machen, sie auf den Standpunkt der heutigen Wissenschaft zu erheben. Und ähnlich wird es immer bleiben, wenn Praktiker examiniren. Allerdings auch am schlimmsten im Landrechtsgebiet. Wer die Entscheidungen des Ober-Tribunals durchsieht, wird zu der betrübenden Erkenntniß kommen, daß die darin benutzte spärliche Literatur so gut wie ausschließlich aus antiquirten Schriften besteht. Man kann es ohne Uebertreibung als die (selbstverständlich nicht ohne erhebliche Ausnahmen richtige) Regel betrachten, daß für den altpreußischen Praktiker die moderne gemeinrechtliche Literatur terra incognita bleibt: der Versuch, den man neuerdings unternommen hat, in Auszügen zu den einzelnen Landrechts-Paragraphen sie ihm zugänglich zu machen, beweist, wie schlimm es in dieser Richtung mit uns steht. Aber auch der gemeinrechtliche Jurist ist neben seiner praktischen Beschäftigung regelmäßig außer Stande, von der wechselnden Lage der Theorie sich vollkommen unterrichtet zu erhalten, und namentlich, wenn dies für das ganze Rechtsgebiet von ihm verlangt wird: kann es doch auch der sonst nicht in Anspruch genommene reine Theoretiker nur immer in dem speciellen Fach, auf das er seine Studien concentrirt.

Und dann: es soll nicht bloß auf äußerlich angeeignete Kenntnisse gesehen werden, sondern auch darauf, ob dieselben in Fleisch und Blut der Examinanden übergegangen sind, und ob dieser sich wirklich die nöthige allgemein juristische Bildung angeeignet, d. h. aber: juristisch denken, mit den aufgenommenen Begriffen operiren gelernt hat. Der Examinator, der dies erkunden soll, bedarf einer umfassenden wirklichen Beherrschung des Materials, an welchem noch mehr als über welches er examiniren soll. Er muß nicht an eine vorbereitete Reihe von Fragen bestimmten Inhalts gefesselt sein, sondern sich in der Prüfung mit voller Freiheit dergestalt bewegen können, daß er auch den auf andere Gebiete abspringenden Antworten, die er erhält, nachzugehen und in den eigenen Gedankengang des Examinanden einzulenken oder beiläufig sich zeigenden Lücken in andern Dingen nachzuspüren vermag. Eine Herrschaft über die Theorie, wie sie dazu erforderlich ist, wird der Praktiker vielleicht auch auf einzelnen Theilen nur selten besitzen, nie auf dem ganzen Umfange des Rechtsgebietes: gerade je weniger einseitig er ist, desto encyklopädischer wird die Uebersicht sein, die er besitzt. Man denke auch an gewisse Dinge, die dem Praktiker niemals im Leben vorkommen, und die er ohne Schaden vergessen darf und regelmäßig vergessen wird, die er aber einmal gewußt haben muß, weil sie die Vorstufe und Grundlage zur Kenntniß dessen bilden, was nachher durch stete Anwendung lebendig im Gedächtniß erhalten wird. Von dem Theoretiker darf man in dem Kreise seines Specialfachs eine solche Bewandertheit, wie sie der Zweck des Examens fordert, und auch die Kenntniß jener besonderen Elemente der Wissenschaft verlangen und erwarten; zieht man Vertreter aller Fächer zu, so kann man hoffen, das ganze Rechtsgebiet durch das Examen in lebendiger Weise erschöpft zu sehen.

Freilich scheint diese gute Vorstellung nicht allgemein getheilt zu werden, wenigstens was die Frische und Freiheit der Prüfung betrifft. Man fürchtet wohl gar, der Professor möchte einseitig sein Heft abfragen und das handwerksmäßige Einstudiren ihm gegenüber besonders leichten Stand haben. Die Vertheidiger des Praktiker=Examens machen damit, wie in umgekehrter Richtung bei der Tauglichkeit der Richter, so auch hier die Ausnahme zur Regel. Gerade hier sind bei der leichten Uebersichtlichkeit des wenig zahlreichen Facultätspersonals die Ausnahmen ohne Mühe herauszufinden, und sie brauchen dann einfach in die Commissionen nicht aufgenommen zu werden. Wären wirklich die juristischen Professoren in ihrer Mehrzahl wegen ihrer geistigen Armuth für das Examen unbrauchbar, so könnte dies doch schwerlich an der Jurisprudenz, sondern müßte an ihrer Qualität als Universitätslehrer liegen, und dieselbe Ursache, sollte man meinen, müßte in andern Fächern ähnliche Erfahrungen herbeiführen. Ist letzteres nicht der Fall, so verschone man auch die Universitätsjuristen mit einem solchen Vorwurf.

Ueberhaupt aber: aus welchen persönlichen oder sachlichen Gründen soll für das juristische Examen etwas anderes richtig und geboten sein, als für alle andern wissenschaftlichen Staatsprüfungen? Niemandem ist es bisher eingefallen, die Candidaten der Theologie von Pfarrgeistlichen, die Mediciner von praktischen Aerzten, die Philologen von Gymnasiallehrern dergestalt examiniren zu lassen, wie man es bei uns mit den Juristen thut, d. h. so daß jeder dieser aus der praktischen Berufsübung herausgegriffenen Männer ohne weitere Unterscheidung über alle Theile und Fächer der Theologie oder Medicin oder Philologie zu examiniren haben würde. Ueberall sonst sucht man sich Leute, welche erhebiich größere Kenntniß der Wissenschaft besitzen, als die ist, deren Vorhandensein bei dem Candidaten sie ermitteln sollen, und setzt daher solche Commissionen hauptsächlich und zunächst aus Fachgelehrten zusammen, deren jeder den seiner Specialität entsprechenden Theil der Prüfung übernimmt; Männer der Praxis dagegen zieht man nur ausnahmsweise hinzu, wenn sie in einem besonderen Theile ihres Berufs sich über die bloße Durchschnittskenntniß auch der bessern Praktiker erheben, und dann eben nur gerade für diese besondere Disciplin. Hier hat auch noch Niemand die Befürchtung geäußert, daß die Männer der reinen Wissenschaft in ihren Anforderungen das Maß überschreiten möchten, welches für den künftigen Geschäftsmann erforderlich ist.

Es sei auch darauf hingewiesen, daß in Baiern, Württemberg, Sachsen, Hessen=Darmstadt, ich glaube auch in Oesterreich, die erste juristische Prüfung wirklich ausschließlich in die Hände der Universitätslehrer gelegt ist, und daß man dort mit dieser Einrichtung durchweg sehr zufrieden ist.

Was in Preußen den Ausschlag geben muß, dasselbe zu thun, das ist, daß es sich gerade darum handelt, hier eine Tradition der Schlaffheit zu brechen, welche sich seit einem halben Jahrhundert entwickelt und befestigt hat. Hier genügt nicht die bloße Beimischung eines neuen Elements, wie sie 1864 versucht worden ist, sondern kann es nur helfen, wenn zur Handhabung des Examens ausschließlich ein ganz anderer Kreis berufen wird, als derjenige, in welchem jene Tradition sich ausgebildet hat, und dessen Mitglieder selbst von ihr gleich bei ihrem ersten Eintritt in ihren Beruf empfangen worden sind. Man erwartet etwas Unmögliches, wenn man eine energische Strenge von Prüfungsbehörden plötzlich entwickelt zu sehen hofft, welche in derselben oder auch nur ähnlichen Zusammensetzung das Examen mit solcher Milde gehandhabt haben, daß das ganze Universitätsstudium nahezu eine bloße Illusion geworden ist

Mein Vorschlag geht denn also dahin: an jeder Universität aus den qualificirten Mitgliedern der juristischen Facultät aller Grade und dem oder den mehrern Lehrern der Staatswissenschaften Prüfungs-Commissionen unter dem Vorsitz des Appellations-Gerichtspräsidenten zu bilden. Man designire dazu aus der juristischen Facultät vielleicht immer nur eine gewisse Anzahl — auf den Provinzial-Universitäten etwa vier, in Berlin mehr — auf jedesmal ein Jahr, und wechsele in der Zusammensetzung so viel als möglich. Endlich überlasse man den Candidaten nicht die beliebige Auswahl der Commission, sondern weise jeder Commission diejenigen zu, welche ihren Vorbereitungsdienst in den nächstliegenden Departements antreten wollen. Auf diese Weise wird keine Commission überhäuft und vollends jeder Stagnation vorgebeugt sein, wenn sie trotz Allem befürchtet werden könnte.

V.

Nicht unwichtig ist für die Ernstlichkeit der mündlichen Prüfung der Umstand, wie viel Candidaten in einem Termin auf ein Mal geprüft werden dürfen. Ich glaube, daß über drei bis vier nicht ohne Beeinträchtigung für die genaue, individuelle Beurtheilung jedes Einzelnen hinausgegangen werden darf, während die jetzt übliche Sechszahl ganz gewiß hinderlich wird.

Am besten gar keine Vorschrift wird über die Stundenzahl des Termins gegeben. Es kann unter Umständen nach ein paar Fragen schon völlig klar sein, daß es vergeblich ist, die Prüfung fortzusetzen, und dann bildet ihre ordnungsmäßige Ausdehnung eine ganz überflüssige Zeitverschwendung und Quälerei für alle Theile; andererseits kann die Stundenzahl des Reglements auch wieder gelegentlich sich als unzureichend erweisen, um ein gründliches Urtheil zu fällen. Hier denke ich, vertraut man am besten dem vernünftigen Ermessen der Examinatoren.

Dagegen darf jener andere oben als besonders wichtig bezeichnete Punkt, die Art der schriftlichen Prüfung, nicht ohne gesetzliche Anordnung gelassen werden. Ich meine, gesetzliche Anordnung, weil auch hiervon zu viel abhängt, als daß man nicht gleichfalls verlangen sollte, das für richtig Erkannte vor dem Einfluß jedes vorübergehenden Ansichtwechsels im Ministerium geschützt zu wissen.

Der gegenwärtige Entwurf schweigt darüber, beabsichtigt also, auch diese Frage dem einfachen Reglement zu überlassen. Jedenfalls sei hier darauf hingewiesen, welche Aenderung die zweckmäßigste sein dürfte.

In Altpreußen wird gegenwärtig gleich bei der Meldung zum Examen die Einreichung einer freien wissenschaftlichen Ausarbeitung über ein von dem Candidaten selbst gewähltes Thema gefordert.

Eine einzige solche Arbeit scheint mir keine genügende Gewähr für die Beurtheilung seiner Qualification zu geben.

Außerdem lehrt die Erfahrung, daß die Studirenden recht häufig Themata zur Bearbeitung wählen, welche für den Zweck der Leistung oder für ihre Kräfte durchaus unangemessen sind: die Bereitwilligkeit der akademischen Lehrer, sie dabei durch Rathschläge zu unterstützen, wird nur verhältnißmäßig selten von ihnen benutzt. Die eigene ganz freie Wahl hätte aber überhaupt nur dann einen gewissen Werth für die Examinanden, wenn deren Mehrzahl über das mehr oder weniger eingehende Studium des Rechtsgebiets im Ganzen hinaus besondere Specialstudien machte, aus welchen dann die Wahl des Thema's gewissermaßen natürlich sich ergäbe und die Arbeit von selbst erwüchse. Da dem nicht so ist, hat der Entschluß zu dieser oder jener Aufgabe ganz dieselbe Willkürlichkeit an sich und steht in derselben Zusammenhanglosigkeit zu den eigenen Bestrebungen des Candidaten, wie die nothgedrungene Bearbeitung eines von der Prüfungsbehörde allein ausgesuchten und aufgezwungenen Gegenstandes.

Dennoch ist eine solche freie umfassendere Ausarbeitung an sich jeder andern Art schriftlicher Prüfung vorzuziehen.

Insbesondere erachte ich die Forderung einer Relation aus ordentlichen Proceßacten, wie in Hannover, in Sachsen-Weimar und anderwärts, auch früher bei der dem Examen bei der Marburger Facultät nachfolgenden Staatsprüfung in Kurhessen, nicht für angemessen. Einmal läßt sich aus der geschicktesten Anfertigung einer solchen Relation kein sicherer Schluß auf das machen, was zunächst hier ermittelt werden soll, die theoretische Ausbildung des Candidaten. Andererseits ist wirkliche Gewandtheit im Referiren trotz aller Practica und Relatoria von dem nicht zu verlangen, der nur eben den Universitäts-Cursus absolvirt hat: sonst müßte ja die ganze lange Referendarienzeit für überflüssig erklärt werden. Ob aber der Candidat sich in Rechtsfällen orientiren gelernt hat, kann mit vollkommener Sicherheit in der mündlichen Prüfung ermittelt werden.

Soll es also eine theoretische Arbeit sein, so hat eine freie Leistung vor Clausurarbeiten namentlich den ungemeinen Vorzug, daß sie den Candidaten nöthigt, über eine gewisse Frage einmal über die Compendien hinaus sich eingehend mit Spezialliteratur bekannt zu machen. Diesen Vortheil für die eigene Ausbildung des Examinanden — nicht bloß, daß er die eine Frage recht gründlich kennen lernt, sondern daß er von dem Getriebe der wissenschaftlichen Forschung eine Vorstellung erhält, finde ich durch das nicht aufgewogen, was wieder für die Clausurarbeiten spricht: die Probe der Schlagfertigkeit und Denkschnelligkeit. Als einzige Prüfungsleistung empfehlen sich die Clausurarbeiten ohnehin deshalb nicht, weil bei ihnen doch der Zufall und das Gefühl des Zwanges auch einen sonst tüchtigen und gewandten Candidaten in Nachtheil bringen kann. Am geeigneten scheint mir unter diesen Umständen, wenn zugegeben wird, e i n e freie Ausarbeitung allein sei nicht genügend, Clausurarbeiten noch n e b e n derselben zu fordern.

Für die erstere aber ist die völlig freie Bestimmung seitens des Candidaten aufzugeben. Im Gegensatz dazu steht das gegenwärtige Verfahren bei der dritten Prüfung, bei welcher für die sog. wissenschaftliche Arbeit ein gewisses, seitens der Commission ausgewähltes Thema immer einer ganzen Reihe von Candidaten aufgegeben wird; hierbei ist der individuellen Neigung und Befähigung, auch der gelegentlich doch einmal bereits begonnenen Special-Ausbildung gar zu wenig Spielraum gegeben. Vielmehr wird ein Mittelweg einzuschlagen sein. Jede Prüfungscommission möge alljährlich eine Reihe geeigneter Aufgaben aus allen Disciplinen bekannt machen, unter welchen die Auswahl derartig freisteht, daß die Candidaten jedes Jahrs auch über die Themata der nächst vorhergegangenen Jahre Arbeiten einliefern dürften.

Beizubehalten dürfte aus dem jetzt Geltenden die Einreichung der Arbeit bei der Meldung sein, so daß also für deren Anfertigung keine eigentliche Frist bestehen würde, außer sofern eine bestimmte Zeit vorgeschrieben wird, binnen deren nach Absolvirung der Universitätszeit die Meldung erfolgen muß.

Was die Clausurarbeiten betrifft, welche ebenfalls dem mündlichen Examen vorangehen müßten, so wären nicht kleine Aufsätze über gegebene Themata zu fordern, wie deren früher zwei bei uns üblich waren, sondern, wie in sehr vielen Prüfungs-Ordnungen vorgeschrieben ist, die ausführlichere Beantwortung einer gewissen Anzahl von Fragen aus allen Disciplinen, vielleicht — um eine genügende bestimmte Minimalgrenze zu nennen, — zwölf, von denen immer ein paar auf ein Mal zur Bearbeitung innerhalb einiger Stunden vorzulegen sein würden.

Man weise übrigens die Commissionen bestimmt an, den, der untaugliche Arbeiten eingeliefert hat, nicht mehr, wie jetzt oft geschieht, doch zur mündlichen Prüfung zuzulassen aus der, wie ich meine, falschen Rücksicht, daß der ungünstige Eindruck des schriftlichen durch ein gutes mündliches Examen ausgeglichen werden könnte: es muß beides probemäßig sein, die schriftliche und die mündliche Leistung. Endlich aber lasse man den Durchgefallenen nicht schon nach 6 Monaten, sondern erst nach einem Jahr wieder auf's Neue zum Examen zu, und verlange, daß er für diese Zeit auf die Universität zurückkehrt. —

VI.

An die glückliche Zurücklegung der ersten Prüfung hat sich der Vorbereitungsdienst anzuschließen. Der Vorschlag, wie früher in Schleswig-Holstein, den besonders gut Bestandenen sofort die selbständige Advokatenpraxis an Untergerichten zu gestatten, statt sie als bloße Richter- oder Advocatengehilfen sich ausbilden zu lassen, soll hier nicht gemacht werden: es wäre, wie nun einmal bei uns die Verhältnisse liegen, zu befürchten, daß die ihnen sich darbietenden Sachen zu wenig zahlreich sein würden, um zu ihrer Fortbildung viel beizutragen.

Der Vorbereitungsdienst zerfiel bei uns bisher durch die zweite Prüfung in die zwei Stadien der Auscultatur und des Referendariats. Fast überall außerhalb hat man überhaupt nur zwei Examina, und unser Entwurf schließt sich diesem System an. In der That hat dieser Vorschlag auch für die alten Provinzen nicht das geringste Bedenkliche, sofern man einmal dieselbe Strenge der ersten Prüfung adoptirt, wie sie sonst meistens besteht und wie sie hier verlangt worden ist, und sodann wenn man jenes andere oben aufgestellte Postulat in Betreff des Landrechtsstudiums erfüllt.

Unter diesen Voraussetzungen, aber nur unter ihnen, mag man dem Entwurf auch hierin noch beistimmen; von dieser Aenderung abgesehen ist, was er sonst Neues über das Referendariat vorschlägt, ganz und gar keine Verbesserung.

Die Vorbereitungszeit soll zunächst nach ihm vier Jahre dauern. Für die alten Provinzen wäre dies um die für die zweite Prüfung nöthige Zeit kürzer, als bisher zur Absolvirung aller Stationen bis zum dritten Examen gebraucht wurde. Für die meisten anderen Provinzen wäre es aber eine erhebliche Verlängerung, für manche geradezu eine Verdoppelung der bisher in ihnen üblich gewesenen Lernperiode. Auch außerhalb Preußens ist diese Länge derselben fast unerhört; meines Wissens hat man nur in Hannover ebenfalls vier Jahre verlangt; die Regel bilden überall zwei Jahre. Ein Jahr von jenen vier können wir jedenfalls streichen; denn der Entwurf will es für eine der juristischen Ausbildung ganz entbehrliche, wenn nicht schädliche Beschäftigung verwendet wissen.

Der Referendar soll dasselbe bei Verwaltungsbehörden zubringen. Diese Bestimmung ist nicht bloß insofern neu, als sie diese Beschäftigung obligatorisch macht; denn wenn auch schon der in den Motiven angezogene §. 17b. A. G. O., Th. 3., Tit. 4., sie den Referendarien gestattete, so ist doch seit Menschengedenken von dieser Erlaubniß keiu Gebrauch gemacht worden. Nun habe ich selbst oben es als einen Schaden bezeichnet, daß unsere Justizbeamten zu ausschließlich Privatrechtsjuristen sind, habe auf bessere Pflege des öffentlichen Rechts und der Staatswissenschaften gedrungen und verlangt, daß dieselben in der ersten Prüfung ernstlicher berücksichtigt werden. Es handelt sich darum, Einseitigkeit in ihrer theoretischen Bildung zu verhüten; sie sollen auch ein sicheres Urtheil in öffentlich-rechtlichen Fragen gewinnen; sie sollen als Richter, wo schon jetzt solche Fragen in foro vorkommen, sachgemäß entscheiden, als Advocaten dem Publicum hier und in Verwaltungs-Angelegenheiten behülflich sein können; es soll ferner möglich werden, die Competenz unserer Gerichte über ihre jetzigen Schranken zu erweitern; der Juristenstand soll endlich besser befähigt werden zu der activen Theilnahme am Staats- und Gemeindeleben, welche für dessen Gedeihen nothwendig ist.

Ich muß aber leugnen, daß dieser Zweck durch den einjährigen Dienst bei Verwaltungsbehörden gefördert werden könnte. Wir haben hier kein anderes Mittel, als die Sorge dafür, daß diese Disciplinen auf der Universität studirt werden, damit die darin erworbenen Kenntnisse als Anregung zu weiterer eigener Ausbildung dienen.

Die Geschäfte der Administrationsbehörden sind in allen Instanzen von der mannigfaltigsten Beschaffenheit. Bei der großen Masse derselben kommen Fragen des öffentlichen Rechts gar nicht zur Sprache, oder können wenigstens von den Provinzialbehörden nicht nach eigenem Ermessen behandelt werden, sondern werden einfach nach Ministerial-Instructionen entschieden, deren Masse in jedem einzelnen Fach so groß ist, daß es unmöglich erscheint, daß Jemand in allen Branchen sie sich sämmtlich vertraut machen könnte; selbst im einzelnen Fach erfordert ihre Aneignung ungleich mehr Zeit, als auf die einzelnen Stationen bei der neuen Einrichtung kommen würde. Wird aber einmal eine staatsrechtliche Frage wirklich streitig, so muß dann die Entscheidung regelmäßig ganz unabhängig von solchen ein Internum der Behörden bildenden Instructionen erfolgen. Die Hauptmasse der Geschäfte setzt dagegen in jeder Abtheilung gewisse specielle Fachkenntnisse voraus, welche dem Juristen für seinen Beruf, soweit sie über die an jeden gebildeten Mann zu stellenden Anforderungen hinausgehen, meist ganz gleichgültig sind. Es ist auch unmöglich, daß in einem Jahr irgend wer sich dieselben in mehreren Branchen erwerben sollte; zudem kann man sie überhaupt nicht durch die Praxis erst lernen, sondern müßte sie in die Praxis hineinbringen, welche dann durch die Anwendung und das Sammeln von Erfahrungen sie nur zu befestigen hat.

Was in dem Jahre angeeignet werden würde, wäre höchstens eine oberflächliche Bekanntschaft mit der äußern Art und Weise des Geschäftsbetriebs in der Verwaltung. Soweit dieselbe von dem Geschäftsgange der Gerichte abweicht, ist ihre Kenntniß für jeden andern außer den Verwaltungsbeamten selbst völlig nutzlos. Die Bemerkung der Motive, es sei wünschenswerth, daß die künftigen Richter, Staats- oder Rechtsanwälte auch die Bedürfnisse und berechtigten Anforderungen der Verwaltung verstehen und in den Kreis ihrer Erwägungen ziehen könnten, trägt einen etwas bedenklichen Charakter; der Richter wenigstens soll nur das Recht, aber nicht anderweitige „Bedürfnisse und Anforderungen" der Parteien berücksichtigen, und Partei ist für ihn die Verwaltung immer, wenn sie vor ihm auftritt.

Es steht im Hintergrunde der ganzen Neuerung, wie uns die Rede des Herrn Ministers belehrt, die Vorstellung, es werde dadurch vielleicht möglich werden, die bisherige besondere Carrière für den höheren Verwaltungsdienst entbehrlich zu machen.

Die bezüglichen Einrichtungen haben seit lange vielfachen Tadel erfahren; aber die Ausstellungen gingen bisher immer nur dahin, daß unsere Verwaltungsbeamten nicht früh genug, nicht schon von Anfang eine für ihren künftigen Beruf berechnete Vorbildung erhalten, sondern erst nach Beendigung der Auscultatur von den künftigen Juristen abgesondert werden. Man vermißte nicht ein ausreichendes Maß formeller Geschäftsgewandtheit, die vielleicht wohl bei Gerichten vorzüglicher gewonnen werden mag, aber überhaupt erst in zweiter Linie stehen darf; man vermißte ebensowenig hinreichende Rechtskenntniß, deren Mängel ohnehin durch die immer aus der Reihe der specifischen Juristen genommenen Justitiare ergänzt werden kann; man wünschte vielmehr, daß der Verwaltungsbeamte mehr materielle Kenntniß der Dinge, die er administriren soll, mitbrächte. Man will weniger Nummernarbeit und mehr sachliches Eingreifen.

Nur als ein Ideal hat neuerdings ein angesehener Lehrer der Staatswissenschaften es hingestellt, daß Juristen und Verwaltungsbeamte ein und dieselbe Vorbildung erhalten möchten (Schäffle in der Tübinger Zeitschrift für Staatswissensch. Bd. 24 S. 601 ff.): aber weil er zugeben muß, daß es unter den gegenwärtigen Verhältnissen unmöglich ist, diese gemeinschaftliche Vorbildung zu organisiren, hat auch er Widerspruch gegen den ähnlichen Vorschlag erhoben, welcher von der Württembergischen Regierung vor einiger Zeit gemacht worden ist. Ich meinerseits möchte annehmen, daß die Erstrebung jenes scheinbaren Ideals künftig noch immer unzulässiger werden wird. Früher hat Justiz und Verwaltung sogar unmittelbar in der Hand derselben Personen gelegen; einzelne Staaten haben wenigstens die Verbindung beider durch gemeinsame Vorbereitung der Aspiranten noch jetzt beibehalten. Aber letzteres sind kleine Staaten, deren Mangel an Beamten-Material die Verwendbarkeit des vorhandenen à deux mains wünschenswerth macht, und deren Verwaltung geringe Aufgaben stellt. Die in allen größern Staaten durchgeführte Scheidung von Verwaltung und Justiz beruhte nicht allein auf dem Bestreben, letztere unabhängiger zu machen, sondern auch auf der Erkenntniß, daß im entwickelten Staatsleben beide Functionen ihrer innern Disparität wegen getrennt werden müssen, und diese Disparität besteht nicht bloß in der Art des Procedirens, sondern in der Verschiedenheit dessen, womit man operirt.

Doch es ist nicht eigentlich meine Sache, für die Nothwendigkeit zu streiten, daß, dem jetzigen Vorschlage der Regierung gerade entgegengesetzt, schon im Studiengange Verwaltungsbeamte und Juristen auseinander gehalten werden; es mag von anderer Seite nachgewiesen werden, daß selbst das, was jetzt besteht, bei weitem den Vorzug vor dem gegenwärtigen Plane verdient, welcher uns keine besseren Juristen, aber bedeutend schlechtere Administrativbeamte verschaffen wird. Ich habe hier nur dagegen jedenfalls zu protestiren, daß man dieses Jahr der Beschäftigung bei den Verwaltungsbehörden von allen Candidaten verlangt. Möge man, wenn man für die Administration mit solchem Minimum der specifischen Fachbildung auszureichen hofft, diese Station demjenigen vorschreiben, der künftig die Verwaltungslaufbahn einzuschlagen denkt oder sie sich wenigstens offen halten will. Aber man verschone den, der Jurist zu bleiben beabsichtigt, mit dieser Verlängerung seiner Unselbstständigkeit, durch welche er ganz gewiß künftig kein vorzüglicherer Richter oder Advocat wird, sondern besten Falles nur in höherem Grade sich die Eigenschaft eines in allen Sätteln formalistischer Actenarbeit gerechten „Beamten" erwerben kann.

VII.

In der Art und Weise, wie bei den Justizbehörden die Ausbildung des jungen Juristen erfolgen soll, ist, wie schon im Eingange unserer Erörterungen bemerkt wurde, von dem Entwurf keine principielle Aenderung beabsichtigt.

Gegenwärtig bestehen sowohl für die Auscultatur, als das Referendariat eine Reihe von Stationen, welche ihn durch das ganze Getriebe der Gerichtsmaschine hindurchführen. Im Gebiet der Gerichts-Ordnung bleibt er als Auscultator die ganze Zeit bei dem Gericht erster Instanz; als Referendarius dagegen steigt er aus diesem zum Appellationsgericht auf; nur durch dreimonatliche Stationen bei der Staatsanwaltschaft und bei einem Rechtsanwalt wird seine Beschäftigung als Gerichtsgehilfe unterbrochen. Etwas anders ist die Anordnung in der Rheinprovinz, bedingt durch die verschiedene Organisation der Behörden und das abweichende Verfahren; sie wird lebhaft getadelt; doch kann ich nicht aus eigener Anschauung darüber urtheilen.

Bei uns, wie es scheint am Rhein sogar noch mehr, wird der junge Jurist namentlich während der Auscultatur vielfach mit reinen Schreiberdiensten beauftragt, für die es Schade ist, einen juristisch gebildeten Menschen zu verwenden; jedenfalls geschieht es bei Weitem mehr, als die Vorstellung rechtfertigt, der künftige Richter müsse durchaus auch diesen Theil des Geschäftsbetriebes kennen lernen.

Er verläßt jede Station mit dem Zeugniß versehen, daß er nunmehr für qualificirt anzusehen sei, die betreffenden Geschäfte selbständig zu verwalten. Thatsächlich kommt es höchst selten vor, daß dies Attest nach Absolvirung der vorgeschriebenen drei oder fünf Monate verweigert wird, auch wenn der Referendarius nur höchst ungenügende Leistungen geliefert hat; man kann daraus ganz und gar nicht schließen, daß die Station wirklich mit dem Erfolge zurückgelegt wäre, zu dessen Erreichung sie angesetzt ist.

Officiell ungünstig behandelt wird in den östlichen Provinzen die Anwaltsstation. Es ist überhaupt keine besondere Zeit für sie allein bestimmt; vielmehr wird sie regelmäßig mit der Beschäftigung bei dem Criminalsenat des Appellationsgerichts combinirt. Dadurch wird sie auch in den Augen der Referendarien mit dem Stempel der Unnützlichkeit versehen, und in Folge davon von ihnen selbst dann vernachlässigt, wenn ihnen die Fluth von Injurienproceß-Referaten, Anklagebeschlüssen und den übrigen fast ganz unbildenden Arbeiten bei Gericht an sich Zeit lassen sollte, bei dem Anwalt wirklich thätig zu sein. Letzterem ist in der Regel mit dem jungen Manne sehr wenig gedient, der, in diesen Geschäften ganz Neuling, jedenfalls nur so kurze Zeit bei ihm bleibt, daß er mit deren Schluß erst anfangen könnte, ihm von Nutzen zu sein, wenn er sich der Mühe seiner Instruction unterziehen wollte. In sehr vielen Fällen ist daher diese Station ganz imaginär; der Referendarius macht ein paar Schriftstücke, welche unbesehen in den Papierkorb wandern, nur damit das hier wie sonst als reine Formalität angesehene Attest mit gutem Gewissen ertheilt werden kann. So fällt denn nicht bloß der Schwerpunkt der Ausbildung in die Gerichtsstationen, sondern thatsächlich kommen sie so gut wie allein in Betracht.

Eine gewisse Modification dieser Einrichtungen wird natürlich dadurch bedingt, daß das zweite Examen nicht mehr stattfinden soll. Im Uebrigen wird nach den Motiven und der Rede des Herrn Ministers in der Beschäftigungsweise der Referendarien, wie jetzt die jungen Juristen die ganze Zeit hindurch heißen sollen, die einzige Aenderung beabsichtigt, daß feste Fristen für die einzelnen Stationen fortfallen und dadurch mehr Spielraum für die individuelle Behandlung gelassen ist, nicht mehr Alle, Befähigte und Unbefähigte, Fleißige und Träge, mit dem gleichen Maße gemessen zu werden brauchen.

Diese Rücksicht müßte eigentlich viel weiter führen, nämlich dazu, daß man gar keine feste Grenze für die Vorbereitungszeit zöge, sondern einfach vorschriebe, daß Jeder in jeder Station so lange zu verbleiben hat, bis das gelernt ist, was darin gelernt werden soll, so daß auch die Referendariatszeit im Ganzen für den Tüchtigen kürzer, für den Unbefähigten oder Trägen länger dauern würde. Dies System vorzuschlagen, scheint freilich nicht angänglich; es hieße das unsäglich vielen Mißgriffen und Menschlichkeiten Thür und Thor öffnen und gestatten, daß der zeitweilige Vorgesetzte dem Examen, vielleicht zum größten Nachtheil der Candidaten, präjudicirt. Der Entwurf will denn auch nur freie Verfügung des Vorgesetzten über die Dauer und Reihenfolge der einzelnen Stationen, und macht auch diese nur möglich innerhalb beschränkter Grenzen; denn er schreibt bestimmt vor, daß zwei Jahre in der ersten, eines in der zweiten Instanz zugebracht werden soll. Der beste Erfolg wäre also die Sonderbarkeit, daß der Referendarius, der vermöge guter Leistungen rasch eine Stufe nach der andern bei dem betreffenden Gericht zurückgelegt hat, auf der letzten so lange festgehalten werden muß, bis endlich das tempus fatale erfüllt ist, obgleich vielleicht bei dem Fehlen einer vorsorglichen Vorschrift über die Reihenfolge der Stationen diese zufällig letzte viel weniger Bildungsmaterial darbietet, als manche der frühern. Jener oben hervorgehobene Mangel, daß man nämlich gegenwärtig alle Stationen glücklich durchgemacht haben kann, ohne in irgend einer etwas Rechtes gelernt zu haben, würde im Wesentlichen bestehen bleiben. Wenn es nach der neuen Einrichtung vielleicht eher einmal geschehen sollte, daß man einen untüchtigen Referendarius in einer der Stationen ungewöhnlich lange zurückhielte, würde man ihn in den spätern um so rascher durchpassiren lassen, um die regelrechte Gesammtzeit nicht zu überschreiten. Kommt nun noch die recht naheliegende Gefahr hinzu, daß das Individualisiren in Reihenfolge und Dauer der Stationen häufig nicht nach Rücksichten auf den Candidaten, sondern je nach dem in dieser oder jener Station bestehenden besonderen Arbeitsbedürfniß des Gerichts geschehen wird, so möchte es wirklich vorzuziehen sein, wenn man bei der alten Durchschnittsbehandlung der Referendarien stehen bliebe, und das Ministerium oder besser noch: das Gesetz wieder wie bisher eine feststehende Stufenfolge der Stationen einrichtete.

Bleiben wird es bei dem jetzigen Ueberfluß an Schreiberdiensten; denn das Gesetz selbst sagt ja, daß der Referendarius unter Andern auch „in sämmtlichen Geschäftszweigen des .... Bureaudienstes beschäftigt gewesen sein“ müsse.

Bleiben wird es vor Allem bei der Vernachlässigung der Anwaltstation; denn bei der bestimmten Vertheilung der Referendariatszeit zwischen den Gerichten erster und zweiter Instanz ist auch künftig keine besondere freie Zeit dafür bestimmt, und zudem wird sie unter dem Individualisiren ganz gewiß nicht gut fortkommen.

Und doch besitzt kaum eine Station so viel bildende Kraft als diese: ja ich meine, wenn eine wirkliche Reform des Vorbereitungsdienstes eintreten sollte, so müßte sie gerade darin bestehen, daß man den jungen Juristen überhaupt nicht als Richter-, sondern als Anwaltsgehilfen sich ausbilden läßt.

Die nothwendige Voraussetzung dieses Schrittes, ein ehrenhafter, tüchtiger Advocatenstand, ist bei uns unzweifelhaft vorhanden, und auch das Vorurtheil wider denselben existirt nicht mehr, welches die Einführung der herrschenden entgegengesetzten Methode veranlaßt hat.

Allerdings kann die Reform nicht consequent durchgeführt werden, so lange die zweite Abtheilung unserer Gerichte noch mit ihren gegenwärtigen Functionen fortbesteht. Es ist zuzugeben, daß eine genaue Einsicht in das Hypothekenwesen, wie es jetzt noch beschaffen ist, schwerlich anders als durch Assistenz bei dem das Grundbuch führenden Richter erworben werden kann. Auch die gerichtliche Direction der Vormundschaft dürfte außer durch unmittelbare Theilnahme daran nicht wohl erlernt werden.

Auch künftig wird man vielleicht darüber streiten können, ob die Beihilfe des Referendarius bei den Criminalgeschäften eines Anwalts als ausreichend für seine Ausbildung in Strafsachen angesehen werden darf, wenn auch in Frankreich und England darüber kein Zweifel herrscht. Die jetzige Protokollführerstation des Auscultators bei einem Untersuchungsrichter lehrt ihm hauptsächlich nur die Kunst des Protokollirens nach Dictat. Die Station des Referendarius als selbstständiger Untersuchungsrichter dient wesentlich nur zur Einübung der nicht complicirten Grundsätze der Voruntersuchung. Ganz überflüssig ist die Zeit bei dem Criminalsenat der Obergerichte: es genügt auf die Beschaffenheit der Functionen hinzuweisen, welche das gegenwärtige Strafverfahren demselben übrig gelassen hat. Praktische Kenntniß des Strafrechts und -Processes wirklich zu vermitteln, würde nur die Station bei der Staatsanwaltschaft geeignet sein, sofern darin der Referendarius besonders zum Redigiren von Anklageschriften, Appellationen und Nichtigkeitsbeschwerden und zum Plaidiren in den Audienzen verwendet wird, nicht zu den mehr mechanischen Functionen, welche zum Theil schon bei uns und noch mehr nach der rheinisch-französischen Organisation auf dieser Behörde lasten. Hier kann ihm besonders eine viel größere Mannigfaltigkeit von Straffällen vor Augen geführt werden, als in jener Untersuchungsrichter-Stellung. Mindestens eine gute

Ergänzung fände diese Station in der Anwaltsstage und brauchte daher auch über ihre jetzigen drei Monate nicht verlängert zu werden, trotz des Wegfalls jener andern.

In allen nicht der zweiten Abtheilung und dem Strafrecht gewidmeten Gerichtsstationen kommt nichts für die Ausbildung Werthvolles vor, was die Advocatenpraxis nicht ebenfalls dem Referendarius darbieten würde. Sie gewährt allerdings nicht die Gelegenheit zu genauer Bekanntschaft mit dem Bureau- und Canzlei-Reglement. Aber so nützlich diese dem künftigen Richter ist, verdient sie doch nicht, daß die Rücksicht darauf über die ganze Art der Ausbildungsweise entscheiden dürfte, bei der es sich um viel Wichtigeres handelt. Zudem ist ja nicht die kleinste Wohlthat, welche wir von der neuen Civilproceß-Ordnung erwarten, gerade die Entlastung der Gerichte von dem durch die jetzigen Einrichtungen bedingten Subalternenheer. Auch Salarienkasse und Depositorium findet sich nur bei den Gerichten; aber ich erlaube mir Jeden, der Referendarius gewesen, zu fragen, ob er wirkliche Einsicht erhalten habe in das Kassenwesen dadurch, daß er ein paar Kassen-Verfügungen expedirt und die Bücher einmal vorgezeigt erhalten, oder in die Depositalgeschäfte dadurch, daß er an einer gewissen Anzahl von Tagen das Depositalnebenprotokoll geführt hat. Wer künftig als Richter Kassen- oder Depositalcurator wird, hat durch die Erinnerung an jene Episoden des Referendariats gar keinen Nutzen.

Alles wirklich für die Ausbildung werthvolle, wiederhole ich, was bei Gericht vorkommt, bietet die Anwalts-Praxis gleichfalls. Alles, worüber irgend der Richter Veranlassung hat zu verfügen, kommt der Anwalt in die Lage zu beantragen oder zu bekämpfen; das Material, über welches jener durch Erkenntniß befindet, wird ihm von diesem unterbreitet; es giebt keine Art von Terminen, in welchen nicht Anwälte vor dem Richter erscheinen und mitwirken. Nicht im Gegenstande, nur in der Art ihrer Thätigkeit besteht ein Unterschied, den wir dahin fassen können, daß der eine kritisirt und leitet, der andere producirt und die richterliche Thätigkeit anregt.

Nun ist es gewiß, daß die Kritik, wenn sie richtig ausgeübt werden soll, volle Beherrschung des Stoffs verlangt, welche nicht bloß die der Wahrheit näher kommende unter zwei vorgeführten Meinungen auswählen, sondern auch die zwischen den Parteiansichten in der Mitte liegende echte Wahrheit finden läßt. Aber die Ausübung der Kritik selbst lehrt nichts und giebt nicht die Kenntnisse und die Gewandtheit, welche sie voraussetzt. Vorzeitig ausgeübte Kritik, noch dazu mit amtlicher Autorität oder wenigstens deren Abglanz ausgestattet, bringt die Gefahr der Oberflächlichkeit und Einseitigkeit. Der Fleißige fühlt sich wohl bei ihr, wenn er sich einer Unkenntniß der ihm vorliegenden Materie bewußt wird, zu deren Studium veranlaßt; aber durch die demnächstige Entscheidung, ob die von der Partei gemachte Anwendung richtig ist, wird der Satz in ihm nicht so lebendig und erhält er selbst nicht so viel Förderung in der eigenen Fähigkeit zur Rechtsanwendung, wie wenn er ohne die Stütze und den Leitfaden fremder Meinungen dem rohen factischen Material gegenüber gestellt ist und dessen rechtliche Beherrschung selbstständig zu erstreben hat. Es kommt hier hinzu, daß es sich nicht darum handelt, das für richtig gehaltene apodiktisch oder nur mit den Gründen hinzustellen, welche für die eigene Ueberzeugung genügten; der Anwalt hat vielmehr die Möglichkeit verschiedener Ansichten zu verfolgen, was Andere zu deren Annahme bewegen könnte, auszudenken und zu widerlegen, die eigene Meinung so zu vertheidigen, daß sie von anderem Standpunkt aus als richtig anerkannt werde. Es deckt ihn nicht bei Versehen der Schild amtlicher Autorität und die Möglichkeit der Remedur durch die obere Instanz; er ist vielmehr verantwortlich für die richtige Wahrung des ihm anvertrauten fremden Interesses.

Die durch Nachahmung unseres Systems auch im übrigen Deutschland fast allgemein verbreitete Einrichtung, welche den angehenden Juristen nicht in diese Schule schickt, sondern ihn durch die obrigkeitliche Beurtheilung und Direction von Dingen zu bilden sucht, die er noch nicht zu machen versteht, harmonirt allerdings mit der historisch auf dieselbe Wurzel zurückzuführenden Unnatur, daß wir mehr Richter als Anwälte haben und die Anwälte aus den Richtern entnehmen, statt die Richter aus der Elite der Anwälte hervorgehen zu lassen. Aber auch, wenn es dabei bleiben sollte, daß der Referendarius nach absolvirtem letzten Examen zunächst unabwendbar als Richter zweiter Classe fungiren muß, wäre dies kein Hinderniß, wenigstens bei seiner ersten Ausbildung den richtigen Weg zu wählen. Wahre praktische Gewandtheit wird er von demselben mehr mitbringen, als ihm durch die jetzige Weise zu Theil wird. Das Formelle der richterlichen Geschäfte würde ihm keine besonderen Schwierigkeiten bereiten; denn es giebt keine wichtigen Acte darunter, die ihm nicht auch ihrer Aeußerlichkeit nach aus der Anwaltspraxis bekannt wären. Die Kunst des Referirens würde ihm abgehen; sie ist aber nicht so verwickelt, daß, wer sonstige praktische juristische Bildung besitzt, sie sich nicht bald aneignen sollte. Sie wird unsern angehenden Juristen nur deshalb so schwer, weil sie von ihnen vorzeitig geübt werden muß.

Dies Referat selbst sammt dem schriftlichen Vorvotum fällt voraussichtlich wenigstens für die Mehrzahl der Sachen nach der künftigen Proceß-Ordnung hinweg, damit eines von den wichtigsten Bildungsmitteln, welche gegenwärtig noch dem Referendarius geboten werden, wenn man ihn nicht zu eigener Uebung schriftlich referiren lassen will, wo die Richter selbst es nicht thun, wie, soviel ich weiß, in der Rheinprovinz geschieht. Die jetzige Proceßleitung durch den Richter wird ebensowenig in ihrem jetzigen Umfange und Bedeutsamkeit bestehen bleiben und somit ein weiterer Hauptbestandtheil der Assistenz, welche die Referendarien dem Richter leisten, an Vielseitigkeit und Nützlichkeit einbüßen. Bleiben wird wahrscheinlich die jetzt schon in großer Menge ihnen zufallende Besorgung solcher richterlicher Geschäfte, bei denen die Ausbeute für ihre Ausbildung höchst gering ist, Zeugen-Vernehmungen, Eidesabnahmen — Geldauszahlungen und ähnl. will ich gar nicht in Anschlag bringen. Die Führung des Protokolls in Audienzen, die doch immer nach Dictat geschehen muß, ist möglich ohne die geringste geistige Theilnahme, und nicht einmal dann ist letztere mit Bestimmtheit vorauszusetzen, wenn der Referendarius der Collegial-Berathung beiwohnt.

Die jetzige Einrichtung entbehrt wenigstens nicht aller Elemente, welche der Anwaltsthätigkeit ähnlich sind. Es gehört dahin namentlich die Supplicanten-Vernehmung; sie beschränkt sich aber fast ausnahmslos auf unwichtige und einfache Sachen. Ferner die Aufnahme von Klagen und andern Proceßschriften: sie kann jedoch nicht mit der sorgfältigen Erwägung geschehen, welche bei der Vorbereitung des Schriftsatzes im Anwaltsbureau möglich und welche gerade das bildende Element dabei ist; zudem überträgt sich die Verhandlungsmaxime sehr zu Unrecht, aber sehr natürlicher Weise auf diese Functionen. Daß früher unser Referendariat bessere Erfolge zeigte, beruht, glaube ich, nicht unwesentlich darauf, daß in den Instructionsterminen der Deputirte ziemlich die Rolle eines Anwalts der Partei zu führen hatte. Die neue Civilproceß-Ordnung aber wird wahrscheinlich jene letzten Reste einer anwaltartigen Beschäftigung des Richtergehilfen beseitigen.

Auf einen nicht unwesentlichen Punkt sei noch aufmerksam gemacht. Der Richter ist gezwungen, den ihm überwiesenen Referendarius aufzunehmen, er mag etwas verstehen oder nicht. Im erstern Fall, und wenn er fleißig ist, wird der Richter bald eine Stütze in ihm gewinnen und andererseits seinem Schüler durch die Kritik, die er über dessen Arbeiten übt, nützlich werden. Den Unfleißigen zur Thätigkeit anzuhalten, hat er kein Mittel, er müßte denn sich schlimmsten Falls entschließen, ihm das Attest zu verweigern. Daß er sich eine ganz besondere Mühe geben sollte, den Unwissenden oder Unbefähigten heranzubilden, ist von ihm geradezu nicht zu verlangen; denn wenn er ihn endlich auf eine gewisse Stufe gehoben hätte, würde ihm durch den Ablauf der Stationszeit die Hilfe vereitelt, die er nun in seinen Geschäften von ihm erwarten könnte.

Hat dagegen der junge Jurist bei einem Rechtsanwalt Aufnahme zu suchen, so liegt schon in der Gefahr, als unwissend und unbrauchbar zurückgewiesen zu werden, ein kräftiger Sporn die Universitätszeit bestens zu benutzen. Nur den fleißigen Gehilfen, auf dessen Thätigkeit er sich verlassen kann, wird der Anwalt behalten. Er wird endlich schon deshalb es sich angelegen sein lassen, die Ausbildung des Stationärs zu befördern, weil bei der Länge ihrer Verbindung die verwendete Mühe sich reichlich verlohnt.

Ich wage nun gar nicht, schon jetzt zu dem durch all diese Erwägungen an sich gerechtfertigten Entschluß zu drängen, mit der oben angedeuteten Beschränkung eine totale Aenderung in den jetzigen Einrichtungen vorzunehmen. Ich denke, daß in einigen Jahren die unbedingte Nothwendigkeit leichter das Vorurtheil überwinden wird, welches gegenwärtig noch dieselben unterstützt.

Worauf ich aber auch im gegenwärtigen Augenblicke, wenn einmal diese Verhältnisse in Fluß kommen sollen, dringen muß, ist ein Schritt, der als Vorbereitung für die Zukunft betrachtet werden kann, und doch auch dann als nützlich anerkannt werden wird, wenn diese sich anders gestalten sollte, als hier vorausgesetzt ist, nämlich eine Verstärkung der Anwaltsstation. Vor Allem ist der Referendarius während derselben von gerichtlichen Geschäften zu entbinden, damit sie überhaupt zur Wahrheit wird. Man gestatte, daß er den Anwalt vor Gericht vertritt, damit er nicht bloß im Bureau desselben zu arbeiten braucht. Außerdem muß die Station verlängert werden, vielleicht auf ein Jahr, damit in ihr wirklich etwas gelernt werden kann und sie nicht gerade endet, wenn die erste Einführung in die Geschäftsart vollendet ist. Ich möchte aber nicht, daß deshalb die Gesammtlänge der Vorbereitungszeit von 3 Jahren überschritten würde, meine vielmehr, daß daneben $1^1/_4$ Jahr bei dem Gericht erster Instanz, 3 Monate bei der Staatsanwaltschaft, 6 Monate bei dem Obergericht (unter Wegfall des Dienstes bei dem Criminalsenat) vollauf genügend wären. Jene $^3/_4$ Jahre bei einem Stadt- oder Kreisgericht wären vielleicht erst nach dem Schluß der Anwaltsstation anzutreten; die gerichtliche Beschäftigung des Referendarius könnte dann von vornherein eine ähnlich gehobene sein, wie gegenwärtig nach Zurücklegung des zweiten Examens.

Dieses gemischte System scheint empfehlenswerther, als jenes andere, nach welchem der Referendarius zwischen der Ausbildung bei Gericht und bei einem Anwalt frei wählen darf, wie z. B. in Hannover und sonst; denn auf diese Weise stünde es in seinem Belieben, gerade das, was vorzugsweise zu seiner Ausbildung geeignet ist, ganz bei Seite zu lassen.

Ich kann schließlich, so sehr ich absichtlich mich auf rein juristisch-technische Erwägungen beschränkt habe, nicht umhin hervorzuheben, daß durch die vorgeschlagene Reihenfolge der Stationen es vermieden wird, daß schon der erste Schritt aus der Ungebundenheit des Universitätslebens den jungen Mann zum Beamten macht und ihn als unterstes Glied der hierarchischen Ordnung in eine Stellung einzwängt, deren schädlichen Einflüssen nicht jeder jugendliche Charakter Widerstand zu leisten vermag. Noch heut lesenswerth sind die in verwandten Richtungen weitergehenden Bemerkungen von Gans in dessen Beiträgen zur Revision der preußischen Gesetzgebung (1830—32) S. 343 ff.

VIII.

Nach Beendigung des Referendariats ist festzustellen, ob nunmehr der Candidat zur Selbstständigkeit des Advocaten, Richters oder Staatsanwalts befähigt ist.

Auch hier kann man sich nicht verbergen, daß ein Examen kein unfehlbares Mittel ist; auch hier aber scheint es unentbehrlich, da nun einmal die herrschenden und gegenwärtig wenigstens noch nicht zu beseitigenden Anschauungen eine besondere Feststellung erheischen. Man hat z. B. in Holstein eine eigentliche Prüfung unterlassen; in Kurhessen war sie außer Uebung gekommen — man sagt, in Folge eines allgemeinen Strikes der Referendarien, welche sich ihr nicht mehr unterziehen wollten. Indessen liegt bei dem, was an die Stelle gesetzt wurde, Bescheinigung der Qualification durch das Obergericht, bei dem der Aspirant gearbeitet hatte, die Befürchtung von allerlei Menschlichkeiten so nahe, daß man ohne Weiteres dem Examen trotz aller Mängel den Vorzug geben wird.

Die Prüfung hat, wenn wir annehmen, daß sie für die gewöhnlichen juristischen Functionen qualificiren soll, nichts festzustellen, als daß der Referendarius mit Erfolg den Vorbereitungsdienst zurückgelegt hat. Es soll also praktische Gewandtheit im rechten, nicht bloß äußerlichen Sinn nachgewiesen werden. Auch der aufgenommene Rechtsstoff soll seit der Universitätszeit vermehrt sein durch die Erlernung der Theile des in foro zur Anwendung kommenden Rechts, welche eine besondere wissenschaftliche Pflege wenigstens auf der Universität, vielleicht auch überhaupt nicht erfahren und deren nicht fähig sind; es soll ferner ein reicheres Maß von Detail und Casuistik auch in den wissenschaftlich bearbeiteten Partieen dem Examinanden zu Gebote stehen. Die gründliche theoretische Bildung im Allgemeinen aber soll nicht jetzt erst erprobt, sondern muß vorausgesetzt werden.

Dieser Zweck des letzten Examens und damit sein richtiges Verhältniß zu dem ersten, welches diese Voraussetzung gewährleisten soll, würde in §. 12 unseres Entwurfs insofern richtig gezeichnet sein, als derselbe bestimmt, daß die große Staatsprüfung einen wesentlich praktischen Charakter an sich tragen soll. In dem zweiten Absatz jedoch:

> „Sie ist demgemäß insbesondere darauf zu richten, ob der Candidat sich eine gründliche Kenntniß des preußischen öffentlichen und Privatrechts erworben habe und für befähigt zu erachten sei, im praktischen Justizdienste eine selbstständige Stellung mit Erfolg einzunehmen",

legt das „Erwerben einer gründlichen Kenntniß" die Gefahr des Mißverstehens jenes Verhältnisses bedenklich nahe. Mit einer ungründlichen Kenntniß soll auch für die erste Prüfung nicht gedient sein; man spreche lieber von detaillirter Kenntniß, und neben der Kenntniß hebe man die Gewandtheit in der Anwendung besonders hervor.

Außerdem mag man wohl fragen, was unter dem preußischen Privatrecht verstanden werden soll, da es doch bisher noch kein dem ganzen Umfange der Monarchie, für welchen das Gesetz ergehen wird, gemeinschaftliches Privatrecht giebt, Handelsgesetzbuch, Wechselrecht, einzelne kleinere Gesetze abgerechnet. Das Ministerium scheint hier einigermaßen erst Gehofftes und Gewolltes zu anticipiren; so lange die gemachten Verheißungen nicht erfüllt sind — und wie schon oben einmal bemerkt wurde, es dürfte damit noch gute Weile haben — wird man sich bequemen müssen, die bestehende Rechtsverschiedenheit auch in unserer Angelegenheit zu respectiren. Man wird jedenfalls nicht von jedem Candidaten eine gleiche Bewandertheit im Landrecht, Code Napoléon und gemeinen Recht fordern dürfen; man wird sogar noch mehr specialisiren und in den neuen Provinzen mit bisher selbstständig entwickeltem Partikularrecht auch dieses von dem Candidaten verlangen müssen, der in ihnen ausgebildet ist und zunächst in ihnen Verwendung finden soll.

Durch den praktischen Charakter des Examens würde auch die Art der schriftlichen Prüfung vorgezeichnet sein: es müssen praktische Arbeiten gefordert werden. Und zwar mehrere Arbeiten verschiedener Art, nicht wie jetzt bei uns eine einzige große Relation. Ganz ungeeignet ist es nebenbei, daß die letztere regelmäßig über eine Obertribunalssache gemacht wird; daß der erste Versuch, so schwierige Rechtsmittel wie unsere Revision und Nichtigkeitsbeschwerde zu handhaben, mißglückt, ist kein entschiedener Beweis von Untüchtigkeit des Candidaten. Aber überhaupt ist Referiren nicht der höchste Prüfstein juristischer Gewandtheit; ich wenigstens erachte die Anfertigung tüchtiger Proceßschriften oder, wenn diese in ihrer alten Bedeutung wegfallen, die Entwerfung eines Plaidoyers nach gegebenem thatsächlichen Material in einer schwierigen Sache und unter Umständen die Verfassung einer brauchbaren Anklageschrift für eben so schwierig. Man bedenke auch, daß es sich doch selbst gegenwärtig nicht ausschließlich darum handelt, die Fähigkeit zum Richter und gar nur zum Civilrichter zu prüfen.

Damit wäre, wie gesagt, den Anforderungen genügt, die wir an die große Staatsprüfung stellen müßten, falls sie nur für die untern Functionen des Justizdienstes berechnet zu werden brauchte. Aber nach der gegenwärtigen Einrichtung soll sie auch für dessen gehobenen Theil, namentlich also für die Stellen der Richter und Anwälte an den oberen und obersten Gerichten die Qualification feststellen, und dadurch wird es unerläßlich, in den Ansprüchen noch einen Schritt weiter zu gehen.

Für die Tauglichkeit zu diesen Stellen kann keine Garantie in den geltenden Vorschriften gefunden werden, welche in jenem gegenwärtig gleichfalls wieder zur Berathung stehenden Gesetzentwurf über die Anstellung im höhern Justizdienst wiederholt sind, wonach dem Einrücken in die obern Instanzen eine gewisse Dauer der Anstellung in den unteren vorangehen muß. Diese Normen haben nur den Werth, rücksichtslosem Nepotismus eine gewisse Schranke zu ziehen. Aber das Factum, daß Jemand 4 oder 6 Jahre in untergeordneter Stellung verharrt und selbst daß er darin seine Schuldigkeit reichlich gethan hat, beweist nicht, daß er die rechtwissenschaftliche Bildung besitzt, die wir für die Obergerichte fordern müssen. Umgekehrt wäre es gerade zu wünschen, daß möglichst frische und unabgenutzte Kräfte denselben zugeführt werden dürften, und daß wenigstens für die Gerichte zweiter Instanz jene Bestimmung wegfiele; ich denke, daß Mancher mit 30 bis 40 Jahren ein besserer Appellationsrichter sein würde, als künftig nach ebensoviel Dienstjahren.

Viel besser scheint jene Anordnung, welche am Oberappellationsgericht in Lübeck, in Celle und sonst noch bisweilen derart besteht, daß der zu einer Stelle derselben Designirte vor ihrer definitiven Ertheilung eine Art Prüfung vor den künftigen Collegen zu bestehen hat; nur ist, wenn sie ernstlich gehandhabt wird, ihre Zumuthung für den in der Schule des Lebens gereiften Mann an sich schon eine Härte und das mögliche Nichtbestehen ein wahrhaft vernichtender Schlag, obgleich die bisherige Anstellung dadurch nicht gerade beeinträchtigt zu werden braucht. Außerdem möchte es wünschenswerth sein, schon von vornherein dem Einzelnen eine bestimmte Anregung zu höherem Streben zu gewähren und ihn gleich in den Anfängerjahren zu größeren Anstrengungen zu veranlassen.

Dadurch würde man denn dazu geführt, — nicht hinter, sondern — neben die gewöhnliche Staatsprüfung eine andere zu stellen, in welcher außer dem, was in jener gefordert wird, der Candidat nachzuweisen hätte, daß er sich durch eigene Studien in seiner wissenschaftlichen Ausbildung über den doch immer im Grunde nur elementaren Standpunkt erhoben hat, welchen die Universitätszeit gewährt. Man müßte natürlich dem, welcher ursprünglich nur das geringere Examen gemacht hat, die Nachholung des höheren Grades gestatten, vielleicht auch eine beschränkte Anzahl von Stellen in den Obergerichten jenen ohne Weiteres offen halten; die überwiegende Mehrzahl der Stellen müßte aber denen, welche dieses Examen bestanden haben, ausschließlich vorbehalten sein, und zwar ohne die Nothwendigkeit eines vorherigen Dienstes in der ersten Instanz von gewisser Dauer.

Ein wiederholtes akademisches Studium dieser Prüfung vorangehen zu lassen, wie vorgeschlagen worden ist (v. Bar, Recht und Beweis im Civilproceß, S. 234 ff., dem ich im Uebrigen hier vielfach folge), möchte ich der üblichen Gestalt des Universitäts-Unterrichts wegen nicht empfehlen. In Folge der fast ausschließlichen Berechnung desselben auf den Anfänger, die zu beklagen, aber vorläufig unvermeidlich ist, so lange die Facultäten ihren jetzigen geringen Personalbestand haben, würde die Unterstützung der eigenen Studien durch den persönlichen Verkehr in den akademischen Kreisen der einzig denkbare Nutzen einer solchen zweiten Universitätszeit sein. Auf dieselbe ist schon der Verschiedenheit der beiderseits in Betracht kommenden Persönlichkeiten wegen nicht mit Bestimmtheit und unter allen Umständen zu rechnen, und wo sie möglich ist, steht sie natürlich auch dem zu Gebote, der nicht formell akademischer Bürger ist. Aber das versteht sich, daß dem zu dieser Prüfung sich Bestimmenden nicht zu verwehren ist, nach Absolvirung des gewöhnlichen praktischen Cursus oder zwischen den Stationen desselben sich seinen Studien längere Zeit ausschließlich zu widmen.

In diesem Examen möchte vor Allem Werth auf mehrere wissenschaftliche Ausarbeitungen zu legen sein; hier ist für die eigene freie Wahl der Gegenstände Platz; ja sie selbst schon wird als ein wichtiger Beitrag zur Erkenntniß der Richtung und des Standpunktes des Candidaten betrachtet werden dürfen. Auch in der mündlichen Prüfung wird es geboten sein, auf die Individualität des Examinanden eingehend Rücksicht zu nehmen. Hier wird dann wieder neben den Praktikern die Mitwirkung der Universitätslehrer als Examinatoren nicht zu entbehren sein.

Aber es ist gegenwärtig an diese Sorge für die Bildung einer Elite des Juristenstandes noch nicht zu denken. Wir müssen uns damit begnügen, der einen hauptsächlich praktischen letzten Prüfung wie bisher eine Beimischung zu geben, welche in etwas eine wissenschaftliche Fortbildung des Examinanden sichert, ohne doch so viel davon vorauszusetzen, daß der großen Masse unbillige, weil für sie unnöthige Schwierigkeiten bereitet werden. In den Gesetzworten ist dies nicht erwähnt; die Motive betonen umgekehrt als eine Neuerung den wesentlich praktischen Charakter, den die Prüfung fortan erhalten soll, und weisen auf dadurch bedingte Aenderungen der bestehenden Reglements hin, welche die wissenschaftliche Nebenrichtung des Examens zur Voraussetzung haben. Ich kann nicht umhin, dies als ein bedeutendes Versehen zu bezeichnen. Es wird der Wortlaut des Gesetzes entsprechend modificirt, für das mündliche Examen den Commissarien in dieser Richtung Anweisung gegeben werden müssen und auch die jetzige sog. wissenschaftliche Arbeit neben den oben verlangten, unter allen Umständen unentbehrlichen, mehrere praktischen Arbeiten beizubehalten sein. Doch würde ich für diese sog. wissenschaftliche Arbeit hier weder freie Wahl zu gestatten, noch an der jetzigen Art der Themastellung festzuhalten rathen, sondern die Einführung desselben Mittelwegs zwischen beiden empfehlen, welcher oben bei dem ersten Examen in Vorschlag gebracht wurde.

Eine Aenderung muß ich noch außerdem anregen, welche schon jetzt vorgenommen werden sollte, weil es sich darum handelt, einen Uebelstand zu beseitigen, der den größten Schaden mit sich bringt. Meines Erachtens ist es nothwendig, sobald wie möglich an Stelle der bestehenden einen Commission für das Staatsexamen mehrere an verschiedenen Orten zu bilden.

Die jetzige Einrichtung häufte in früheren Jahren bisweilen über

400 und jetzt noch regelmäßig über 200 Candidaten auf 8 bis 9, oder vielmehr, da auf die rheinische Abtheilung höchstens 20 bis 30 Referendarien des Cölner Departements entfallen, auf 5 bis 6 Examinatoren; die Last wird durch den Zuwachs aus den neuen Provinzen und ohnedies auch wahrscheinlich dadurch wieder wachsen, daß anscheinend größerer Zudrang zum Justizdienst sich einstellt, nachdem die Ueberfüllung von den fünfziger und dem Anfang der sechziger Jahre her überwunden ist.

Eine Ueberbürdung mit Prüfungsterminen, wie sie unter solchen Umständen selbst dann entsteht, wenn, was an sich unzweckmäßig, in jedem derselben sechs Examinanden vorgenommen werden, übt den ungünstigsten Einfluß auf den Charakter des Examens. Wer Jahr aus, Jahr ein wöchentlich oder fast wöchentlich eine Prüfung abzuhalten hat und zwar als Nebengeschäft neben zahlreichen anderen amtlichen Pflichten, wird binnen Kurzem, wenn nicht eine ganz exceptionelle Arbeitskraft und Elasticität ihn davor bewahren, aufhören ein guter Examinator zu sein, und zwar ohne daß ihm persönlich irgend ein Vorwurf daraus gemacht werden kann. Er wird nothwendig nicht bloß von Zeit zu Zeit wieder dieselben Gegenstände zur Prüfung hervorsuchen; sondern er wird sie auch immer mehr gerade in derselben Art und Weise, in derselben Gedankenreihe den Candidaten vorlegen. Er wird sich schließlich gewöhnen, von dieser Gedankenreihe sich auch durch die Art, wie ihm geantwortet wird, nicht wesentlich abbringen zu lassen; er wird umgekehrt immer bestimmter gewisse Antworten desselben Inhalts von den Candidaten verlangen. Während in Wahrheit eine Prüfung eine sich von selbst aus der vom Examinator gegebenen ersten Anregung entwickelnde Unterhaltung zwischen ihm und dem Candidaten sein soll, wird sie zu einer Reihe von Fragen und Antworten nach feststehenden Schematen, wobei der jedenfalls gut bestehen und trotz wirklicher Unfähigkeit durchkommen kann, der gerade die herkömmlichen Antworten auf die üblichen Fragen kennt; an Vermittlern dieser Kenntniß aber wird es niemals fehlen. Es versteht sich, daß reife Selbständigkeit von Urtheil und Auffassung verbunden mit guten Kenntnissen sich Anerkennung erringen werden trotz des eingerissenen Schematismus; aber gerade solche Candidaten müssen durch die scheinbare größere Schlagfertigkeit ihrer Genossen einen schwerern Stand erhalten, wenn sie sich nicht dazu verstehen, sich gleichfalls einweihen zu lassen.

Ich meine, daß diese Folgen sich überall einstellen und die Prüfungen zu einem guten Theil illusorisch machen werden, wo die angegebene Ursache besteht. Es handelt sich dabei nicht um eine ausgeklügelte Besorgniß, sondern um eine thatsächliche Erfahrung, für die leider das preußische dritte Justizexamen einen schlagenden Beleg liefert.

Oder wäre die Art und Weise, in welcher unsere Referendarien sich zu demselben vorzubereiten pflegen, auch nur denkbar, wenn es so beschaffen wäre, wie es sein soll?

Diese Präparationsweise ist notorisch; aber es sei hier wieder einmal öffentlich darauf hingewiesen, damit nicht länger officiell ignorirt werde, was privatim Jeder weiß, und damit endlich das richtige Heilmittel an Stelle ganz unzulänglicher Anordnungen Anwendung finde. Es ist nicht angenehm, solche wunde Punkte zu berühren; der Hinblick auf das allgemeine Interesse muß jedoch über die Besorgniß persönlichen Anstoßes hinwegführen.

Es soll hier keine Schilderung des unerfreulichen Thatbestandes gegeben werden; es genüge an der Bemerkung, daß er eine vollständige Parallele zu demjenigen bildet, was vor einigen Jahren in den preußischen Jahrbüchern (Band 17, S. 12. ff.) über die damals übliche Präparirmethode für das dritte Verwaltungsexamen berichtet worden ist.

Die geringe Verhältnißzahl der im mündlichen Termin Durchfallenden zeigt, daß die herrschende unsäglich schülerhafte Lernweise zweckentsprechend ist. Bei den schriftlichen Arbeiten ist der Procentsatz bedeutend ungünstiger, ein Beweis, daß dieser Theil der Prüfung von denselben Examinatoren viel wirksamer gehandhabt wird.

Man sage nun nicht, es sei zwar nicht schön und löblich, wenn man die für seinen Lebensberuf nöthigen Kenntnisse sich auf solche Art erwirbt, es komme aber schließlich doch nur darauf an, daß man dieselben überhaupt erlange. Kenntnisse, die derart angequält sind, bleiben nicht viel über das Examen hinaus bestehen; es ist aber auch gar nicht daran zu denken, daß wirkliche juristische Bildung auf solchem Wege entstünde. Kann, und das ist wahrlich nicht das Geringste, Jemand Achtung vor seinem Beruf und Freude daran haben, wenn er sich zu ihm auf solche Weise vorbereitet hat? Ist diese nicht überhaupt eines gebildeten, geistig regsamen Mannes unwürdig? Findet sich etwas Aehnliches in anderen gelehrten Fächern, jene ältern Mißstände beim Verwaltungsexamen ausgenommen?

Welchen vernichtenden Einfluß muß die Notorietät, daß man künftig so leichten Kaufs sich in den Besitz alles zum Examen Erforderlichen zu setzen vermag, auf den Fleiß und Ernst während des ganzen Referendariats ausüben?

Die ältere Generation unserer Juristen ist durch diese Schule nicht gegangen; so viel ich wenigstens weiß, datirt die Calamität erst von der Zeit an, daß durch den allgemeinen Zwang zur dritten Prüfung der Zudrang zu derselben sich in das dritte und vierte Hundert erhoben hat. Einen Theil der Schuld an ihrem Einreißen mag man auch direct in diesem Zwange sehen, durch welchen eben Jeder in die Prüfung getrieben wird, auch wer auf selbständigem Wege die erforderlichen Kenntnisse nicht zu erwerben fähig ist; ermöglicht ist aber die Erscheinung doch schließlich nur durch die Art des Examens.

Zur Abwehr des, wie gesagt, notorischen Mißstandes, hat man eine Zeit lang den Referendarien den Aufenthalt in Berlin vor dem Examen zu verwehren versucht, — das Verbot ist ganz ohne Wirkung geblieben, indem es an Mitteln und Wegen der Umgehung nicht fehlte. Da den Personen durchaus kein Vorwurf gemacht werden darf, sondern nur der die Personen nothwendig lähmenden Einrichtung, so kann nur deren Aenderung eine wirkliche Abhilfe gewähren. Daher mein Vorschlag der Decentralisation, welcher in der Einrichtung der sog. delegirten Commissionen für die medicinische Staatsprüfung einen Vorläufer hat. Ich verkenne nicht, daß die Personenfrage hier größeren Schwierigkeiten begegnet, als bei dem jetzigen Zustande, besonders so lange die allgemein abzulegende Prüfung noch nicht jenen rein praktischen Charakter erhält, der oben für sie vindicirt wurde, und daher nicht jeder als Praktiker Ausgezeichnete auch als geeigneter Examinator angesehen werden darf: indessen könnte bei der Besetzung der größeren Appellationsgerichte, bei welchen solche Commissionen eingerichtet würden, gerade darauf besondere Rücksicht genommen werden. Eventuell möge man nicht davor zurückschrecken, schon jetzt allenfalls einen Universitätslehrer zuzuziehen, wie es bei jener andern von mir befürworteten Einrichtung einer obern Klasse des Examens ohnehin geschehen müßte.

Die Schaffung mehrerer einzelner Commissionen hat vor der andern denkbaren Verbesserung, die Berliner Commission ausgiebig zu verstärken, d. h. aber zu verdoppeln oder zu verdreifachen, den großen Vorzug, daß der unvermeidlich häufigere Personenwechsel der untern Instanzen vollends jeden Stillstand des Examens verhüten würde.

Wesentlich von Nutzen wäre es auch gerade in dieser Rücksicht, wenn für die dritte Prüfung, wie schon längst für die erste und zweite geschehen, Oeffentlichkeit eingeführt würde. Es könnte scheinen, als wenn gerade dadurch den Repetenten ihr Handwerk erleichtert würde; aber ganz umgekehrt giebt es für den Examinator keine bessere Anregung, als das Bewußtsein, nicht blos dem ängstlichen Candidaten gegenüber zu stehen, sondern von einem unbefangenen Publicum beobachtet zu sein.

Verlag von J. Guttentag in Berlin.
Guttentag & Wahlen.

Druck der Berliner Associations-Buchdruckerei (Urbat u. Genossen).

FSC
www.fsc.org
MIX
Papier | Fördert
gute Waldnutzung
FSC® C083411

Kolibri 360 GmbH
Ferdinand-Jühlke-Straße 7
99095 Erfurt, Deutschland
produktsicherheit@kolibri360.de